マカオ滞在旅行

食と世界遺産を満喫する

はじめに

マカオの巨大埋め立て地のコタイ地区にはザ・ヴェネチアン・リゾート・ホテル、シティー・オブ・ドリームズという二つのリゾート施設が誕生して観光客でにぎわっています。周辺の埋め立て地にはこれからもたくさんのリゾートホテルが建設される予定です。

コタイだけではありません。ホテル・リスボアのある埋め立て地の外側にも「新填海区」と呼ばれる大きな埋め立て地ができ、そこにウィン・リゾートなどの新しいカジノホテルが誕生しました。ここでも新たなホテル建設が進められています。世界で今、最先端を行くホテルを見たければ北京と上海、ドバイ、そしてマカオに行けば良いといわれるのも分かる気がします。

一昔前のマカオはホテルの絶対数が少なく、しかも日本人観光客が満足できるホテルも限られていました。さらに日本からの空のアクセスは香港しかなかったためもあり、マカオ旅行の形態も香港からの日帰り旅行が主流を占めていました。しかしコタイ地区や新填海区での超高級ホテルが相次ぎ誕生して様変わりとなりました。またマカオにも国際空港が誕生し、定期チャーター便とはいえ東京との間で直行便も運航されるようになりました。

関空発着の直行便もあります。この結果としてマカオ旅行は「香港からの日帰り」ではなく滞在型に大きく変化しています。

考えても見ればマカオは日帰りではもったいない観光地です。セント・ポール天主堂跡をはじめ日本人にも馴染みのある観光名所もふんだんにありますし、何よりもうれしいことに食事がおいしい。ここマカオはポルトガル・マカオ料理はもちろん、私たちが日頃から食べている〝B級グルメ〟の宝庫です。町角の名もないちっぽけな店の麺類やケーキ類などが〝予想外に〟おいしかったり。長期間滞在しても決して飽きることはありません。ホテルが充実したことで滞在する魅力は一段と増してきました。

本書はマカオでこうした滞在型旅行を楽しみたい人向けに作成しました。もともとあった旅名人ブックス113『マカオ』を二分割して、マニアックな史跡旅行を楽しみたい方向けには旅名人ブックス113『マカオ歴史散歩』を、マカオで史跡探索以外の楽しみもしてみたい旅行者向けには本書の『マカオ滞在旅行』を通じて情報提供することにしました。『マカオ滞在旅行』はマカオにある主要なホテル、ポルトガル・マカオ料理のレストランを網羅しています。観光客があまり訪れない史跡も含む「ディープなマカオ史の旅」を楽しみたい方は、もう一冊の『マカオ歴史散歩』も参考にして下さい。

旅名人編集室

目次

コラム

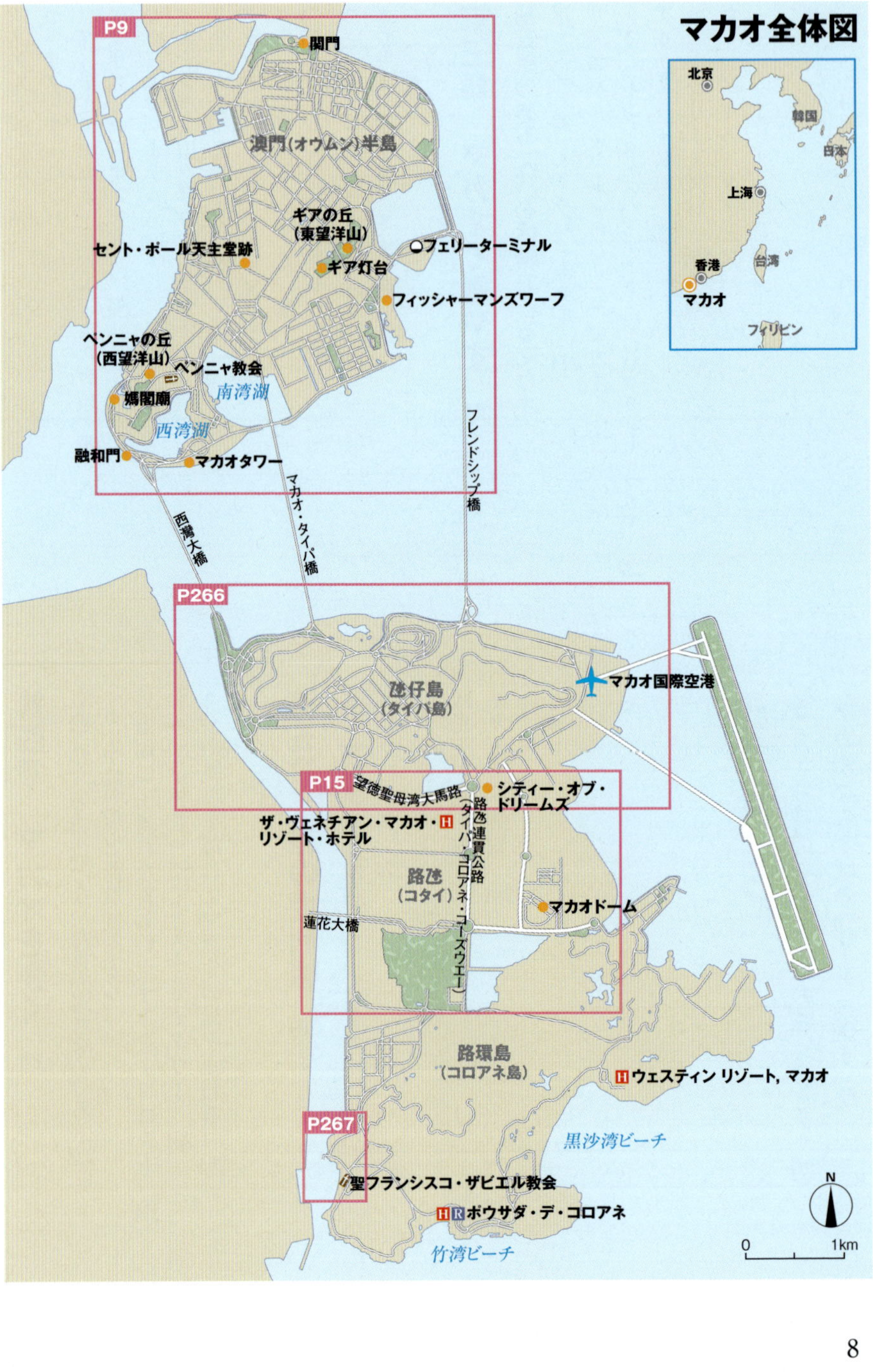
マカオ全体図
北京
韓国
日本
上海
台湾
香港
マカオ
フィリピン
P9
関門
澳門(オウムン)半島
ギアの丘
(東望洋山)
セント・ポール天主堂跡
フェリーターミナル
ギア灯台
フィッシャーマンズワーフ
ペンニャの丘
(西望洋山)
ペンニャ教会
南湾湖
媽閣廟
西湾湖
融和門
マカオタワー
フレンドシップ橋
マカオ・タイパ橋
西灣大橋
P266
氹仔島
(タイパ島)
マカオ国際空港
P15
望徳聖母湾大馬路
シティー・オブ・
ドリームズ
路氹連貫公路
(タイパ・コロアネ・コーズウエー)
ザ・ヴェネチアン・マカオ・
リゾート・ホテル
路氹
(コタイ)
マカオドーム
蓮花大橋
路環島
(コロアネ島)
ウェスティン リゾート, マカオ
P267
黒沙湾ビーチ
聖フランシスコ・ザビエル教会
ボウサダ・デ・コロアネ
竹湾ビーチ
N
0
1km

マカオ半島部
珠海市
珠江口
孫中山記念公園
関門(関閘拱門)
巴波沙大馬路
関閘馬路
黒沙環
馬場東馬路
イリヤ・ヴェルデ
(青洲山)
青洲山修道院遺址
青洲大馬路
黒沙環三角花園
亜姿石
蓮峯廟
林則徐記念館
カニドローム
(ドッグレース場)
モンハの砦
観音古廟
ボウサダ・デ・モンハ
美副將大馬路
俾利喇街
友誼橋大馬路
慕拉士大馬路(モラエス大通り)
龍華茶楼
紅街市
高士德大馬路
観音堂
馬交石砲台
内港
三盞燈
聖ミカエル墓地
永楽大戯院
渡船街
蓮渓廟
消防博物館
培正中学(旧・演芸学院)
二龍喉庭園(フローラ庭園)
貯水池
ルイス・カモンエス公園
カーサ庭園
田畔街
鏡湖医院
ロウリムイオック庭園
連勝街
鏡湖馬路
国父記念館
聖アントニオ教会
新勝街
荷蘭園大馬路(オランダ通り)
ヴィクトリア公園
ギアの丘
(東望洋山)
モンテの砦
セント・ポール天主堂跡
聖ラザロ
教会
マカオ博物館
松山灯台
フェリーターミナル
ヴァスコ・ダ・ガマ庭園
十月初五日街
火船頭街
聖ドミニコ教会
グランプリ博物館
ワイン博物館
外港
セナド広場
民政総署
サンフランシスコ庭園
ペラ・ヴィスタ
グランド ラパ ホテル
ロックス・ホテル
八角亭
ザ・ランドマーク・
ホテル
ペローラ(サンズ内)
マカオ・ミリタリークラブ
グランド・リスボア
有誼大馬路
マカオ特別行政区政府
南湾大馬路
エンペラー・ホテル
ホテル・リスボア
マカオ芸術博物館
マカオ文化センター
ウィン・マカオ
スターワールド・
ホテル
河邊新街
ペンニャ教会
南湾湖
ペンニャの丘
(西望洋山)
ポルトガル領事官邸
(旧ペラヴィスタ・ホテル)
マカオ海事博物館
MGMグランド・マカオ
観音像/仏教文化センター
媽閣廟
ヘンリーズ・ギャレー
(美心亨利餐廳)
西湾湖景大馬路
バラの丘
(媽閣山)
西湾街
聖サンチャ宮殿
孫逸仙大馬路
利安餐廳
西湾湖
民國大馬路
ボウサダ・
デ・サンチャゴ
マカオタワー
何鴻燊士大馬路
(スタンレー・ホー通り)
融和門
マカオ・タイパ橋
P230
P10
P251 オランダ通りとラザロ地区
N
0
1km

高園街
西墳馬路
ナーチャ廟
セント・ポール天主堂跡
モンテの丘
(モンテの砦)
マカオ博物館
エレベーター
砲台巷
仁慈堂婆仔屋
馬忌士街
聖ラザロ教会
和隆街
荷蘭園大馬路(オランダ通り)
高偉楽街
瘋堂斜巷
聖美基街
馬忌士街
連合国大学
澳門軟件研究中心
関前正街
関前後街
大三巴街
大砲台斜巷
聖祿杞街
瘋堂新街
瘋堂中斜巷
東望洋街
ヴァスコ・ダ・ガマ庭園
東望洋斜巷
白頭馬路
荷蘭園二馬路
澳門欧州研究学会
旧・日本領事館所在地
女媧廟
ポルトガル領事館
(旧・白馬行)
鴨巷
馬大臣街
得勝路
金融管理局(白宮)
白頭墳場
營地大街
聖ドミニコ教会
聖公会聖馬可堂
水坑尾街
東望洋新街
澳門日報
(旧・濠鏡閲書新報社)
伯多祿局長街
嶺南中学弁公大楼
板樟街
若憲馬路
国華戯院
高可寧大屋
大堂巷
盧家大屋
板樟街巷
天神巷
羅結地巷
大堂
(カテドラル)
大堂街
P236
澳門大会堂(テアトロ・マカオ)
サンタ・ローザ・リマ女子中学
(聖羅撒女子中学)
セナド広場
美麗街
培道学校
中国銀行(興記酒店旧址)
南湾大馬路
八角亭
サンフランシスコ庭園
加思欄馬路(エストラーダ・サンフランシスコ)
龍嵩正街
大西洋銀行
マカオ・ミリタリークラブ
殷皇子大馬路
保安警察博物館
院大楼
マーガレット
カラベル
カフェ・ア・ピカ
(珈琲餐廳)
蘇亜利斯博士大馬路
ホリデイ・イン・マカオ
サンフランシスコ城塞跡
シントラ
ヒバリー・プラザ
グランド・リスボア
グランド・エンペラー・マカオ
ジョルジェ・アルヴァレス像
澳門商業大馬路
ホテル・リスボア
ウィン・マカオ
南湾湖
マカオ・タイパ橋
N
MGMグランド・マカオ
0
500m

マカオ市街中心部
ソフィテル・マカオ・アット・ポンテ16
巴素打爾古街
康公廟
大碼頭街
旧・国際酒店
海邊新街
十月初五日街
六国酒店跡
新埗頭街
亜美打利庇盧大馬路（アルメイダ・リベイロ通り、新馬路）
清平街
P254
内港
清平戯院跡
福隆新街
同善堂第2病院（旧・火船頭アヘン倉庫）
三街会館
民政総署
司盯口／ポンテ・オルタ広場（可邦迪前地）
天通
紅窗門街
火船頭街
ロバート・ホーン図書館
三層楼街
司法警察局
聖ヨセフ修道院
ペドロ劇場
聖アウグスチノ教会
P238
聖ヨセフ教会
官印局街
千年利街（チネリー街）
風順堂街
聖ローレンス教会
慈幼中学
マカオ特別行政区政府
南湾大馬路
学校巷
河邊新街
高樓街
西坑街
下環街
鄭観應屋敷
リラウ広場（亜婆井）
亜婆井街
西坑街
オ・ポルト・インテリオール（内港餐廳）
リトラル（海湾餐廳）
媽閣街
西望洋巷
西望洋斜巷
利馬竇中学（怡和房屋）
法務局大楼
ペンニャの丘（西望洋山）
竹室正街
焼灰爐街
アローシャ
ペンニャ教会
ポルトガル領事官邸（旧ベラヴィスタホテル）
西湾湖景大馬路
リヴィエラ・ホテル
焼灰爐砲台跡
バラ広場
海事博物館
媽閣廟
高可寧紳士街
西湾街
鯤公馬路
西湾湖

プロローグ

新しく創設されたマカオの新名所 コタイ地区

タイパ島のカルモ教会から見たコタイ地区。右手がザ・ヴェネチアン・マカオ・リゾート・ホテル。中央はヴェネチアンの増設工事中の建物。左手の４つの建物群がシティー・オブ・ドリームズ

タイパ島とコロアネ島の間には、かつては細いコーズウェーが一本あるだけであった。道の両側まで遠浅ながら海が迫っていた。ここまで来ると半島部とは対照的に車の行き来が急減。目の前には人口密度が高いマカオとは思えないのどかな光景が広がっていた。

ところが二つの島の間が埋め立てられて事実上一つの巨大な島になってしまった。中間の埋め立て地は「コタイ地区」と命名され、現在はザ・ヴェネチアン・マカオ・リゾート、シティー・オブ・ドリームズという二つの巨大複合リゾート施設が開業している。これからもコタイ地区には超一流ホテルが次々と誕生する予定であり、新しいマカオの観光スポットになろうとしている。

二つの複合リゾート施設はともにカジノ事業を主要な収益源としている。しかしながら単なるカジノ施設ではない。カジノに隣接して来客者を楽しませるエンターテインメント施設、ブランドショップが並ぶショッピングモール、そして食事を楽しむレストラン街が完備していてゴルフ場などスポーツ施設も充実している。ここを訪れればカジノにまったく興味がない観光客でも思い切り楽しむことができる。

コタイ地区のカジノにはラスベガス仕込みのスロットマシンやゲームマシンが無数に置かれ、小口の「賭け」でカジノを楽しめる仕組みになっている。昔からマカオでよく見かけた「プロの勝負師が命を賭けて賭ける」カジノの光景とはまったく異なる大衆カジノの世界を目にすることになる。

中央に置かれたカジノがザ・ヴェネチアンの「交差点」

その名のごとく施設内はまさにイタリア。埋め立て地に残された水辺（運河）にゴンドラが浮かぶ。運河沿いに並ぶ建物にもヴェネチアが再現されている。ラスベガスで成功を収めた〝ヴェネチアン・リゾート〟のノウハウがここマカオでも生かされていた。

ラスベガスのメーンストリートとして知られる「ストリップ」から道路名を採った「コタイ・ストリップ」。そこからヴェネチアの観光名所を再現したリアルト橋を渡るとホテルのメーンロビーとなる。施設内にあるホテルに宿泊する客も、カジノを訪れた客も、そしてまたショッピングやレストランを訪れる客も、すべての来客はこのメーンロビーか西口ロビーから入場することになる。

チェックインを終え「コロナード」と命名された一直線の道を進むと、ほどなくして「グレート・ホール」と呼ばれる巨大な建物の前へと出る。天井には巨大なフレスコ画が描かれていて、その圧倒するような光景に思わ

ザ・ヴェネチアン・マカオ・リゾート・ホテルの入口に浮かぶゴンドラ

コタイ地区
安徳聖母湾大馬路
ポウサダ・マリーナ・インファンテ
ギャラクシー・メガリゾート
路氹連貫公路（タイパ・コロネア・コーズウェー）
シティー・オブ・ドリームズ
クラウン・タワーズ
ハードロックホテル
グランド・ハイアット・マカオ
ザ・ヴェネチアン・マカオ・リゾート・ホテル
ホテル・オークラ・マカオ
シャングリ・ラ ホテル
/トレーダース・ホテル
フォーシーズンズホテル
マカオ コタイストリップ
西堤馬路
グランド・ワルド・ホテル
シェラトン・ホテル・セントレジス
コンラッド・ホテル
マカオ・ドーム
マカオ・スタジオシティー
ラッフルズホテル
/フェアモント・ホテル
蓮花大橋
(ロータス・ブリッジ)
蓮花路
オリエント・ゴルフクラブ
N
0
1km
H は建設予定のホテル
九澳高頂馬路

ザ・ヴェネチアン・マカオ・リゾート・ホテルの中央部にあるグレート・ホール。２階から見ている。１階のカジノが見える

■ザ・ヴェネチアン・マカオ・リゾート・ホテル L1（1階）

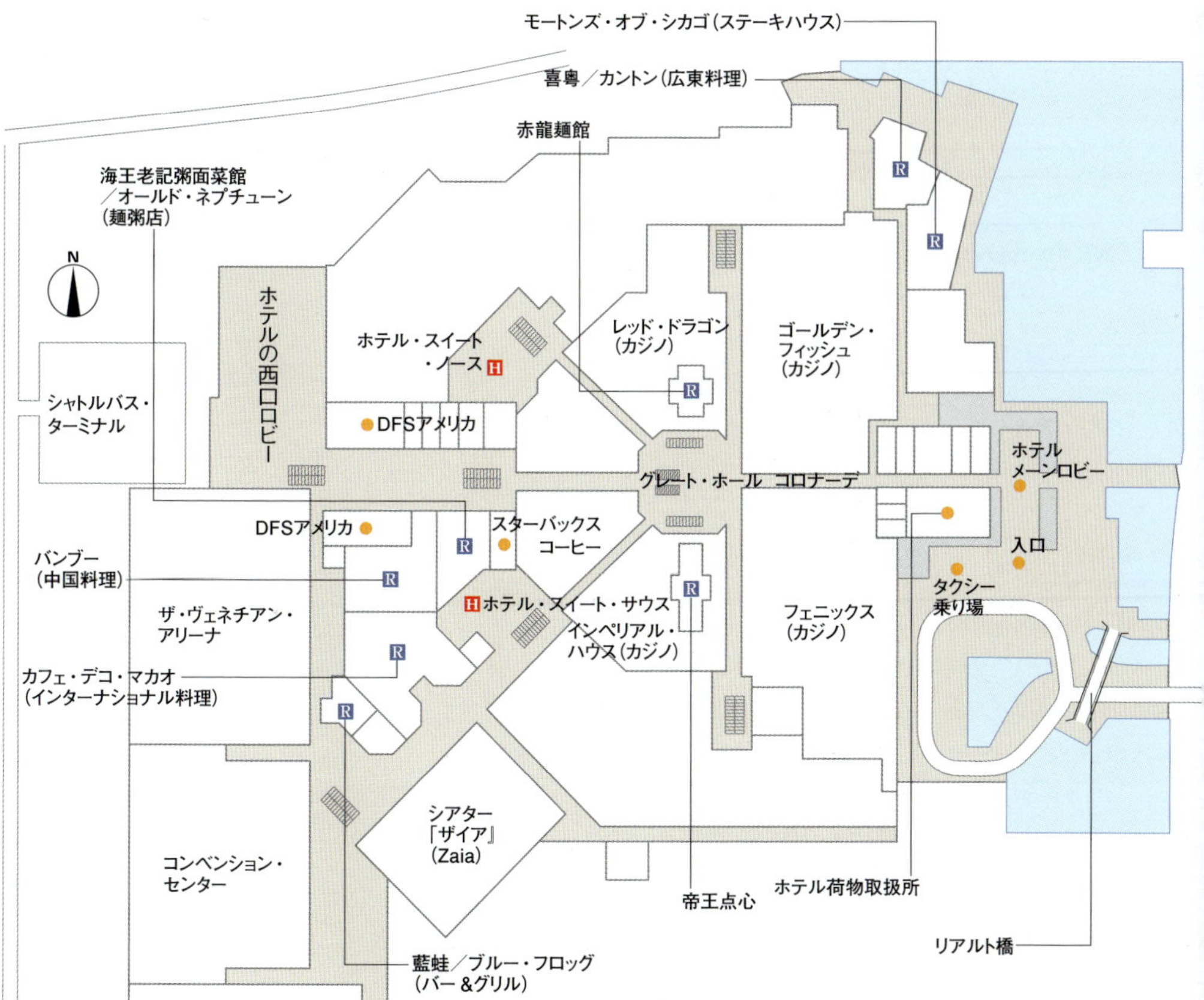

巨大なボールルームなどがあるコンベンション・アンド・エキシビションセンター

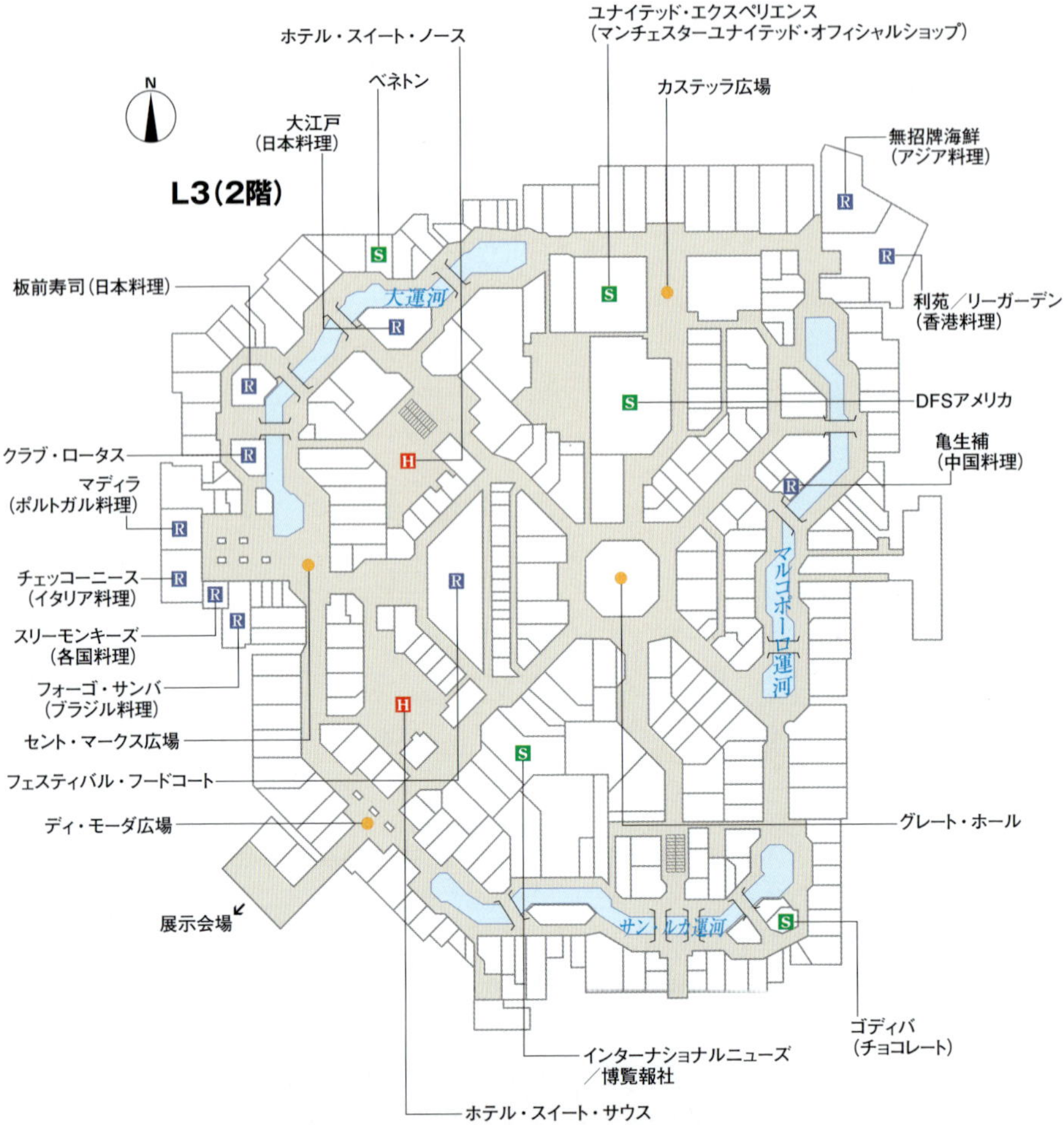
L3（2階）
N
ホテル・スイート・ノース
ベネトン
大江戸
（日本料理）
ユナイテッド・エクスペリエンス
（マンチェスターユナイテッド・オフィシャルショップ）
カステッラ広場
無招牌海鮮
（アジア料理）
利苑／リーガーデン
（香港料理）
DFSアメリカ
亀生補
（中国料理）
板前寿司（日本料理）
クラブ・ロータス
マディラ
（ポルトガル料理）
チェッコーニース
（イタリア料理）
スリーモンキーズ
（各国料理）
フォーゴ・サンバ
（ブラジル料理）
セント・マークス広場
フェスティバル・フードコート
ディ・モーダ広場
展示会場
大運河
マルコポーロ運河
サン・ルカ運河
グレート・ホール
ゴディバ
（チョコレート）
インターナショナルニューズ
／博覧報社
ホテル・スイート・サウス

足乐 FishSpa
relax.refresh.rejuvenate

ザ・ヴェネチアン・マカオ・リゾート・ホテル内のカジノ
（写真提供：ザ・ヴェネチアン・マカオ・リゾート・ホテル）

ず天井を見上げてしまう。コロナードの途中は左右がすべてカジノ。グレート・ホールの先にもまたカジノが続く。つまりカジノに関心のない客もＶＩＰ用の正面入口から入ると、いったんカジノを通り抜けないと目的地にはたどり着けない仕組みになっている。その巨大カジノの中を旅行カバンを抱えた宿泊客、買い物を終えてショッピングバッグを携えた客が行き来する姿はある意味では衝撃的である。通路を移動する途中では、ほかのカジノで見かけるような荷物チェックはもちろんボディーチェックなどはまったくない。バッグを開けて中身をチェ

L5（3階）

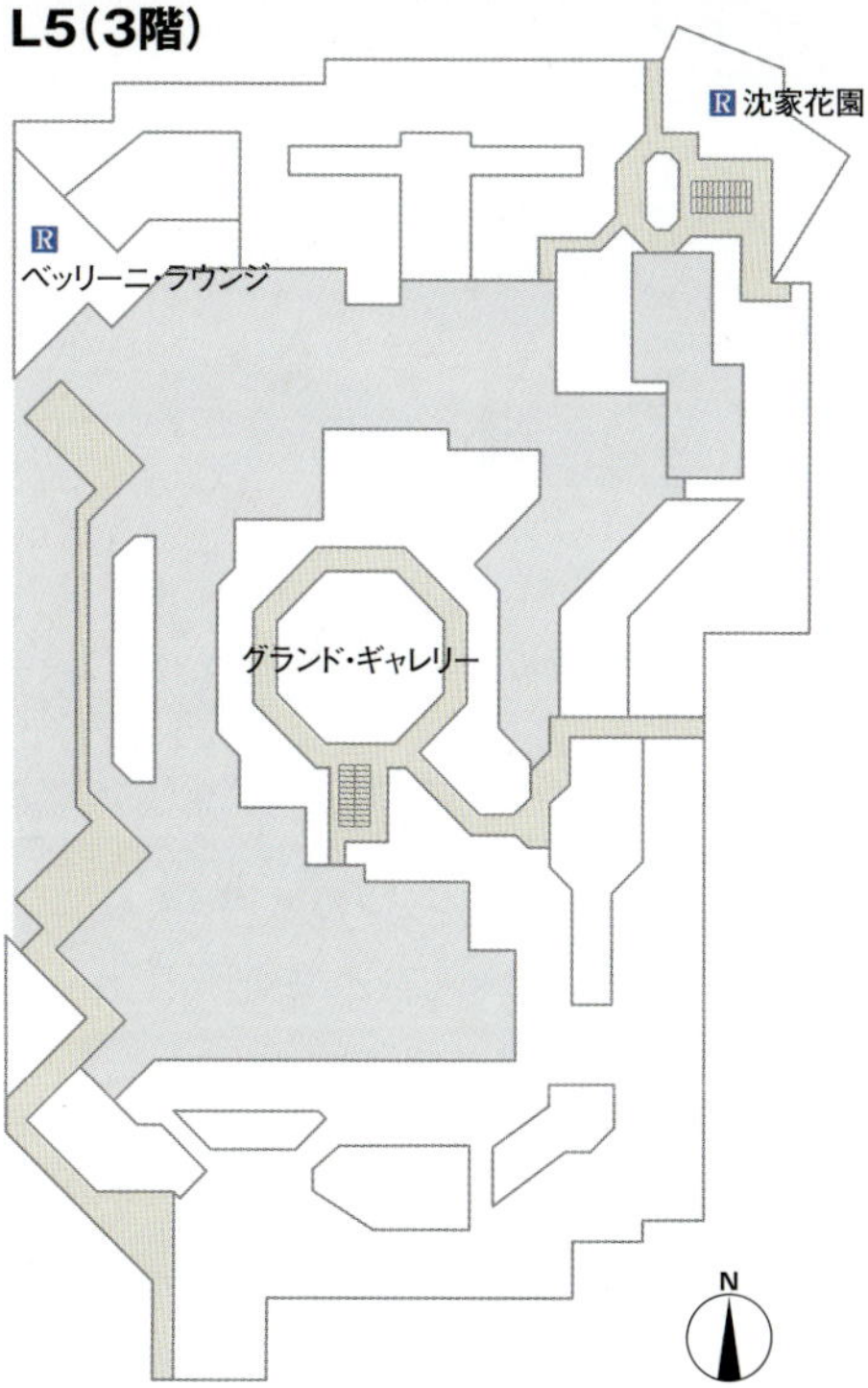

上：ショッピングモールの中の運河と運河に浮かぶゴンドラ
下：マンチェスター・ユナイテッドの様々なグッズが並ぶザ・マンチェスター・ユナイテッド・エクスペリエンス

上：シルク・ドゥ・ソレイユのザイア劇場入口
下：ショッピング街の天井もイタリア風の絵画がある

ックされることもなかった。まるで普通のショッピングモールの中を散策するような感じであった。

カジノはとにかく大きい。約五十五万平方フィートあり、分かりやすく表現すれば東京ドーム一個分。そこに様々な「賭け事」を楽しむ施設が置かれている。例えばバカラのテーブルだけでも八百卓、スロットマシンは何と六千台も置かれている。メーンのレストラン街とは別にカジノ内にも飲食店があり、カジノにいながらにして食事ができるようになっている。

カジノの上にあるショッピング施設の充実ぶりも特筆

上：中央部にあるフードコート
右下：インターナショナルニューズ。ザ・ヴェネチアンがらみのグッズがそろう。ネットカフェもある
左中：本格的広東料理が楽しめる「喜粤（カントン）」
左下：イタリアレストランの「ポルトフィーノ」

上：マカオのカジュアル飲食店として人気の麺店の「海王老記」も出店している
下：「デューティーフリーアメリカズ」も大きなスペースをとっている

2点とも：フォーシーズンホテル側のショッピング街

すべき点である。グランドカナルを囲むようにヴェネチア風の建物群が並んでいる。そこにブランドショップを中心に三百五十店舗が軒を連ねている。一軒一軒見てまわったら一体何日必要なのかと考えてしまう規模である。空港内でおなじみのＤＦＳ（デューティーフリーショッパーズ）、「マンＵ」の名で世界的に知られるイギリス・プレミアリーグのサッカーチーム「マンチェスター・ユ

シティー・オブ・ドリームズ。左手がクラウン・タワーズ、右手前がハードロックホテル。右後方の２棟がグランド ハイアット マカオ。中央の低層の建物がカジノとショッピングモールとエンターテインメント設備を集めた複合施設

ナイテッド」のショップまである。ショッピング施設は隣接するフォーシーズンズ ホテル マカオ側にもある。こちらは主として超高級ブランド店主体の構成である。

飲食部門は高級レストランから、カジュアルな店、バーやナイトクラブも含めて三十店舗。様々な賞を受賞しているシェフのいる中国料理店を始め、イタリア料理、日本料理などバラエティーも豊富。いずれの店でも質の高い食事が楽しめる。

そしてザ・ヴェネチアンの魅力が凝縮されているのがエンターテインメント施設の充実ぶりである。ラスベガス仕込みのショーなども楽しめる。

コタイを一段と面白くさせたシティー・オブ・ドリームズ

夜の景色が壮観である。青色でイルミネーションされたホテル棟が夜空に浮かび上がるように光っている。深夜に飛行機が到着した時にもその姿がよく見えた。まるで蜃気楼を見ているような、夢の世界のような光景であった。「シティー・オブ・ドリームズ（夢の町）」というネーミングのとおり、こちらもカジノを中心に様々な娯楽施設やホテルがそろう複合リゾート施設である。クラウン・タワーズとハードロックホテル・マカオというまったくタイプが異なる二つのホテルに加えて、二〇〇九

■シティー・オブ・ドリームズ全体図

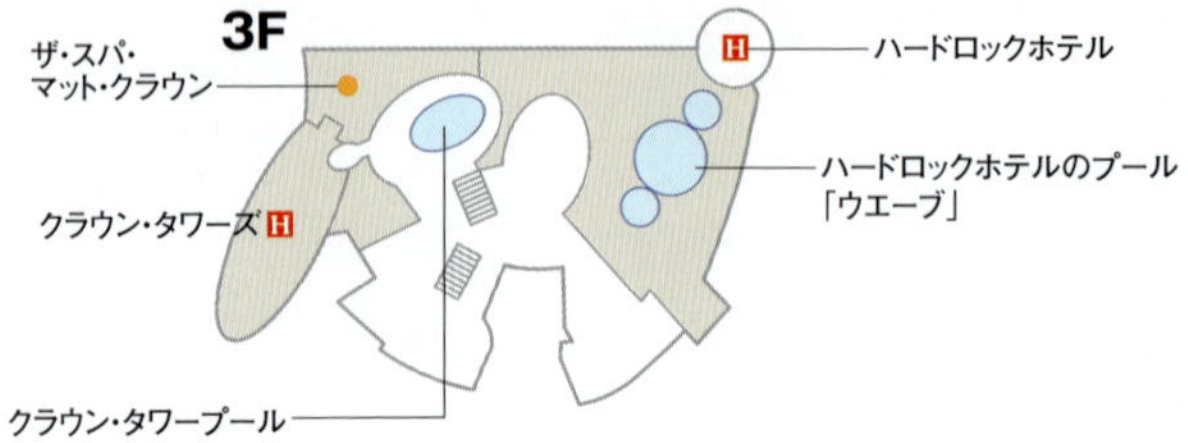

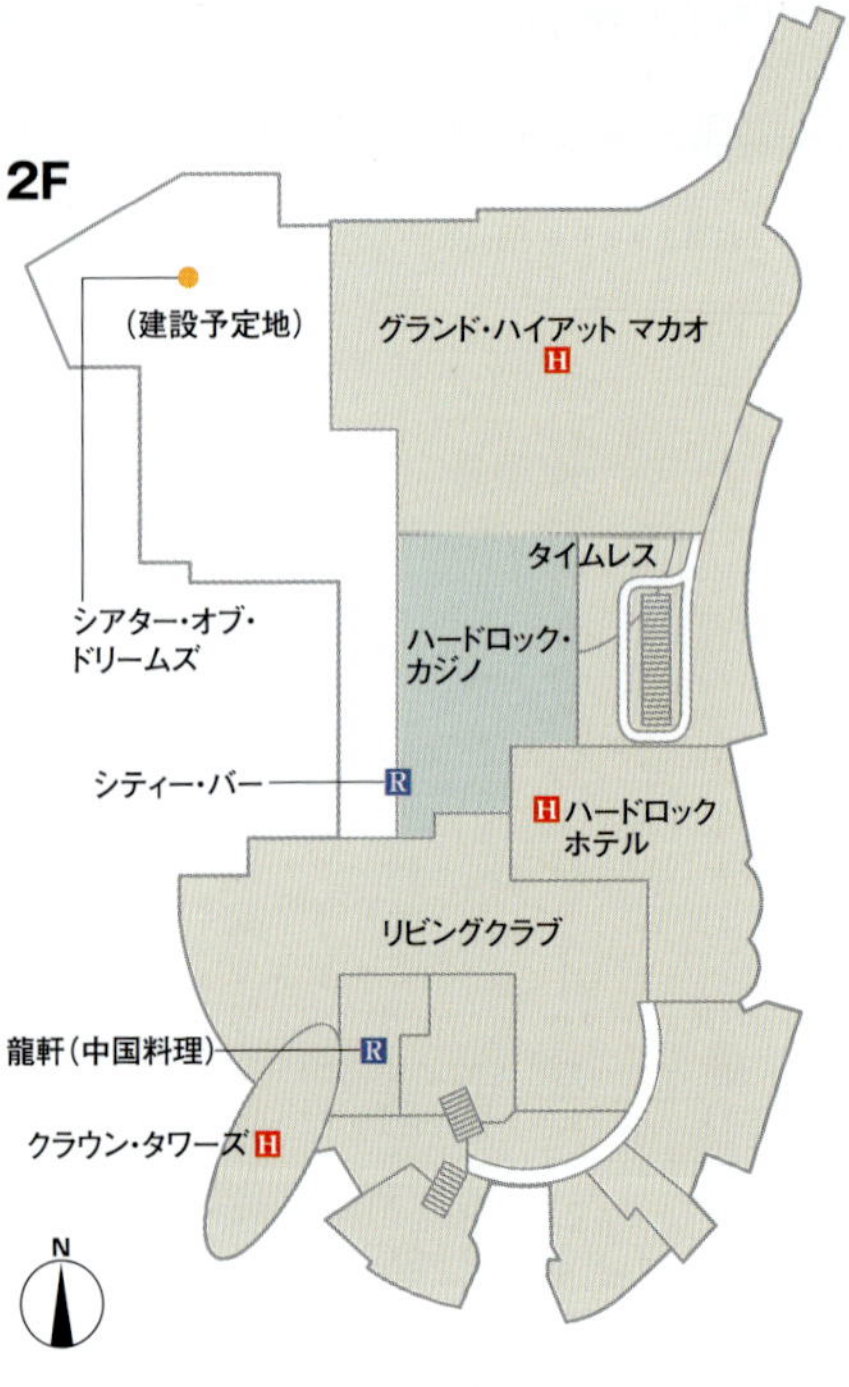

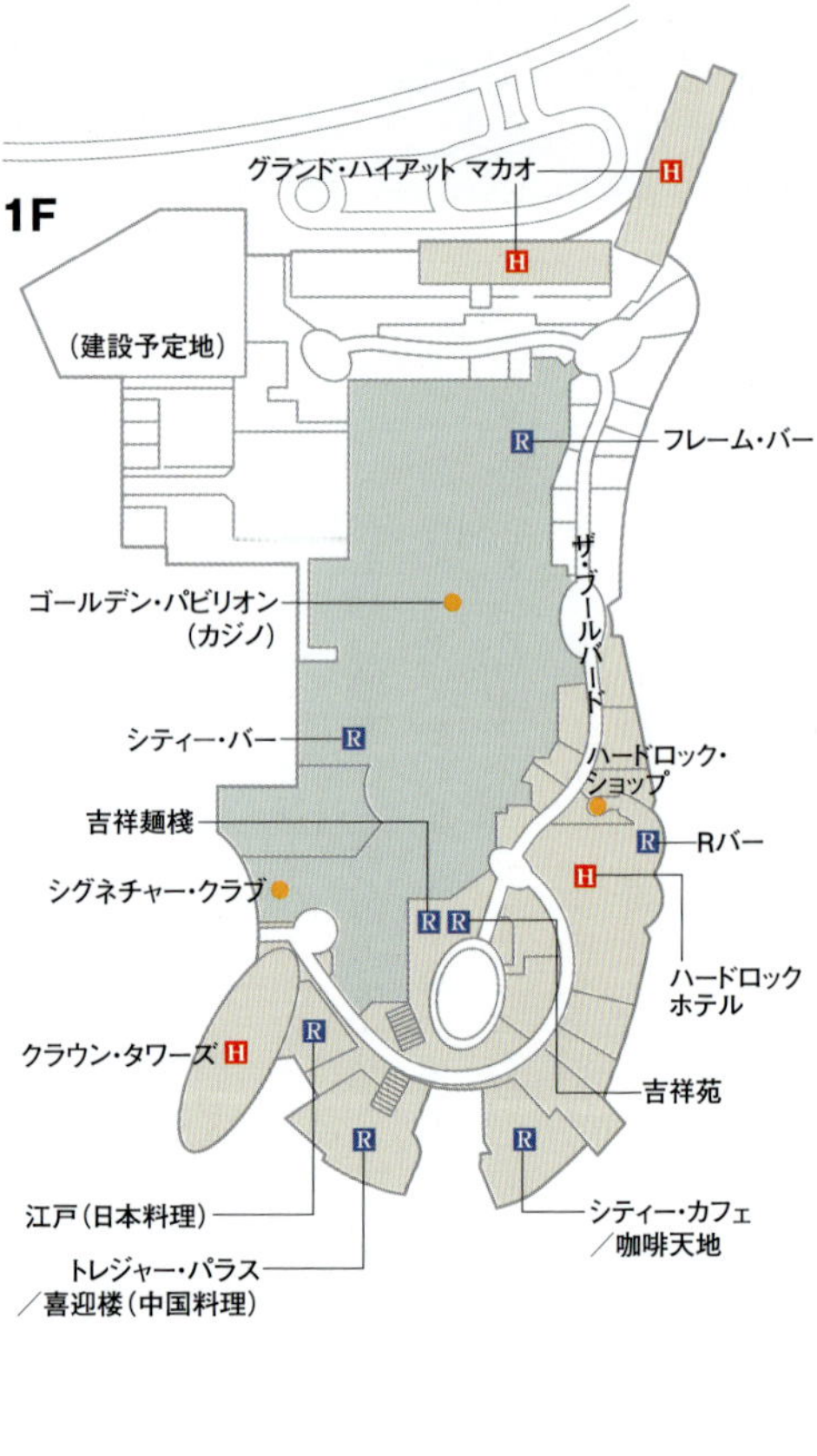

カジノの入口（上）。左右のスクリーンでは人魚が手招きする（下）

年秋には「第三のホテル」のグランド ハイアット マカオも登場する。最終的にはこれに八百戸のアパートメントが加わり文字通り「シティー」が誕生する。

形こそ違うもののガラス張りの外観がそっくりの高層のホテル棟が数棟ある。ホテルのほかにも合計二十を超す料飲施設、ショッピングモール「ザ・ブールバード」、ドーム型劇場の「ザ・バブル」などが施設内に集まっている。建物群全体が曲線を重視した建物設計に徹してい

右上・右中：シティーカフェの入口と内部
左上・下：中国料理の「喜迎樓（トレジャー・パレス)」。「龍軒（ルン・ヒン)」とともに香港の著名シェフが創る広東料理が出る

上：広々としていて採光にも気をくばった喜迎樓の内部
下２点：昼の点心をはじめ料理も充実している

左：ザ・バブルの映像ショーの一場面　右：ザ・バブルの入場口

る。この曲線が気持ちを和らげるし、ショッピングモールを歩いていても先に何があるか興味を沸かせる。こうした複合施設周辺部を水辺が囲む。動く水は幸運と財をもたらす源と見なす中国古来の考えをコンセプトに生かしてシティー全体が造られていることが分かる。

「ザ・バブル」は二千人を収容できる巨大施設。マルチメディアを駆使した体験型劇場で、ラスベガスで実績のあるドラゴン・エンターテインメント社の創始者フランコ・ドラゴンが陣頭指揮する豪華なウオーターショーが演じられる。訪れた時は長蛇の列ができていた。ドーム型天井全体を使い龍の映像が乱舞する。時折大音響を交え、しぶきを連想させるリアルな場面もある。

ショッピングスペースは一万七千平方メートル。ここにDFSの協力で誕生した五十を超えるブランドショップが一堂に会する。

ゲームセンターのイメージが強いカジノ

シティー・オブ・ドリームズのメーン施設であるゴールデン・パビリオン（金亭）の大部分を占めるのが巨大カジノである。カジノはシティー・オブ・ドリームズのカジノのほかハードロックホテルのカジノもある。ゲームスペースは四万二千平方メートル。五百五十のゲーム

2点とも：高級時計ブランドが一堂に会する「タイムレス」

テーブルと、一千五百のゲームマシンを有する。来訪者はまず入口で度肝を抜かされる。入口の両側に水槽をイメージした巨大画面が設置され、水中を泳ぐ人魚の映像が時折画面に現れて来訪者を手招きしたり消えたりしている。カジノに入ると無料の飲み物がふるまわれ、巨大なドーム空間の中にありとあらゆるカジノゲームのディーラーが並ぶ姿が見える。中央には軽食が食べられるフードコート。ところどころに高級車が展示されている。

2点とも：ブランド店が並ぶザ・ブールバード

だいぶ昔にマカオで見たことがある、何やら殺伐とした雰囲気が漂うカジノではなく、お遊び感覚が溢れる大衆カジノである。二階のハードロック・カジノは電子機器を駆使した〝ハイテク型〟になっていて、スロットマシンのほかにもディーラーがいないルーレットや映像の女性ディーラーが〝仕切る〟カードゲーム台が多い。

第1章
マカオで食べる

PORTO
Niepoort
30
YEARS OLD TAWNY
2001
porto
vintage
Champalimaud
1995
porto
vintage
TAYLOR'S
PORT・2001
VINTAGE
PORT
1985
SANDEMAN

大航海時代以降のマカオが育て上げた究極のフュージョン料理の「マカオ料理」

「ポルトガルの面影を色濃く残すマカオを訪れてポルトガル料理に舌鼓を打つ」。日本の旅行会社のパンフレットなどで、このような表現を見ることが多い。ところがポルトガルとマカオ双方を実際に旅したことがある旅行者は、ポルトガルで食べるポルトガル料理とマカオのポルトガル料理とは明らかに違うと実感しているのではないだろうか。

もちろんマカオにはポルトガルからのシェフが招かれたポルトガル料理店を謳い文句にしている店もある。しかしポルトガル料理店の看板を出していても、その多くは何代かにわたってマカオに住むポルトガル系の人々がオーナーやシェフになっていて実際の料理もかなりマカオ風にアレンジした店が多い。また「ポルトガル人シェフによる一〇〇％ポルトガル料理の店」であっても、客のニーズがあるからか「マカオ特有のポルトガル料理」がメニューに顔を出している。

店により千差万別のアフリカンチキン

その代表例がアフリカンチキン。マカオの町に溢れているポルトガル・マカオ料理店を訪れてメニューを見ると必ず掲載されているのがこの料理である。唐辛子と香辛料をふんだんに使ったチキン料理である点では共通しているものの、その味は店により千差万別。煮込み風になっているものから皮がパリッとしているものまでと実に多彩である。調理法はオーブンでグリルする方法が主流。だがその前にフライパンで焼く店もある。一般に濃厚なソースが多い。ただしそのソースの味もアレンジの

上：ソルマーのアフリカンチキン。しっとりとしたスパイシーソースに特徴がある。素材は広東省石岐の鶏を使用
右中：カフェ・ベラ・ヴィスタのアフリカンチキン。煮込み風が主流のマカオでは珍しいグリル方式で料理している。ココナツ風味が豊かである
右下：佛笑楼のアフリカンチキン。20種類のスパイスを混ぜて作る。他店と比べて辛めな味つけである
左下：旅遊学院レストランのアフリカンチキン。作り方はオーソドックスで、パリパリ感がある。

仕方によって様々である。マカオにあるポルトガル・マカオ料理店で以前に食べた料理をイメージして別の店でアフリカンチキンを注文するとまったく異なる味や食感の料理に遭遇して驚くことになる。マカオではレストランが十軒あれば十軒なりのアフリカンチキンがあると言っても過言ではない。

ところで「マカオの代表的な料理の名前になぜアフリカの名がついているのか?」。大航海時代のポルトガルとマカオの歴史を振り返ればその理由が分かってくる。新航路開拓をめざすポルトガルの船はアフリカ西海岸を伝って南進しアフリカ最南端の喜望峰を越えてインドのゴアに到達。さらにゴアから先にあるマレー半島のマラッカなどを寄航しながらマカオにやってきた。こうして始まった交易とともにポルトガル料理がマカオに持ち込まれた。

世界に先駆けたフュージョン料理

しかしマカオに入ってきたのはポルトガル料理だけではなかった。寄航地で積み込まれた土地それぞれのスパイスや料理法も一緒に伝わって更に地元中国の食材や料理法も加わった。こうして世界でマカオだけにしかない、新しい料理「マカオ料理」が誕生した。つまりマカオ料理は西洋と東洋の料理を融合する形でニューヨークやロンドンを初めとした世界各地で大流行している「フュージョン料理」の先輩格にあたることになる。最近ではマカオでも自らの料理を「マカオ料理」と宣言する店も増えている。

アフリカンチキンはこうしたマカオ料理の代表例である。そのルーツはアフリカの「ピリピリチキン」だといわれる。アフリカでは唐辛子などの香辛料を塗った鶏を直接グリルする。これがゴアに伝わると「チキンカフレアル」という名前になりフライパンで焼くようになった。チキンカフレアルも香辛料はやはり唐辛子がメーンであり、このほかにライム汁やガーリックが入っているくらい。ところがこの料理がマレー半島を経てマカオに伝わってくるうちに唐辛子に加えてスパイスが十種類以上も増えココナツも加わった。こうして香り豊かな料理に変化した。

マカオに限らずインドのゴア、マレー半島のマラッカなどポルトガルの旧植民地ではいずれも、ポルトガル料理と現地の料理が混じり合ったフュージョン料理が誕生している。例えばゴアはインドに編入された現在でも人口の約半数をポルトガル系住民の末裔、あるいはカトリックに改宗した人々が占めている。そこにはヒンズー教徒やイスラム教徒が口にしない牛肉や豚肉を素材として使いながら、ポルトガルや、アフリカ、マレーシアの影響を受けた独特の食文化が息づいている。一方マレー半島には中国料理とマレー料理が融合したニョニャ（プラナカン）料理がある。このニョニャ料理にさらにポルトガル料理が加わったものがあって「クリスタン料理」と呼ばれている。

ポルトガルの支配地に独特のフュージョン料理が生まれた背景には大航海時代のポルトガルが取った植民地政策が密接に関係している。スペインとともに世界の海を制覇したポルトガルは十五世紀に植民地をアジア、アフリカ、南米で急拡大させることに成功した。しかし支配地の拡大があまりにも短期間であったために、その支配地を維持するために必要な人員の確保には常に悩まされることになる。そこでポルトガル系住民には現地住民と

河邊新街にはポルトガル・マカオ料理店が集中している。オ・ポルト（上）とリトラル（下）の外観

上・下２点とも：タイパ島のタイパ村にある官也街。庶民的なマカオ料理店が集まっている

の結婚を奨励し人種融合政策を推進した。こうしてポルトガルと現地の人々の血を引く住民が増え、二つの食文化を受け入れる土壌が知らず知らずのうちにできあがっていった。さらにいずれの都市も交易ルート上にあったため、ほかのポルトガル植民地出身の人々も定住するようになった。この結果それぞれの植民地で様々な食文化が混じり合った、より複雑なフュージョン料理が生まれていったのである。

マカオに持ち込まれた食文化は、何もポルトガルとマカオを結ぶルート上のものだけではなかった。ポルトガルの植民地となったブラジルを経由して伝わったアメリカ新大陸の食材や調味料などもマカオ料理の中にしっかりと根づいている。その一例がアフリカンチキンにも使われている唐辛子である。もともとは中南米原産の食材

で、大航海時代にヨーロッパ経由でアジアに渡った。こうして見るとアフリカンチキンのルーツともいえるピリピリチキン自体も実は新大陸の食材や調味料の「洗礼」を受けている料理ということになるから面白い。

また二十世紀後半に入って旧ポルトガル領東チモールがインドネシアに一時期武力併合された事件が起きた。最近になり東チモールは国連の支援の下でようやく独立を達成した。しかし東チモールのポルトガル系住民はインドネシアの併合を契機にして、民族的な繋がりを頼ってマカオに移住した。彼らの持ち込んだ食文化もマカオ料理に組み込まれている。アフリカンチキンに限らずマカオ料理には、この町が歩んできた国際交流の歴史が脈々と一皿一皿に刻み込まれ日々変化を続けているのである。

この後に紹介するレストランは、マカオを代表するポルトガル・マカオ料理のレストランである。アフリカンチキン以外にもマカオ独特の魅力ある料理は数多くあるので、それぞれの店で、その魅力を堪能してみたい。

マカオ独特の"おふくろの味"ミンチ

マカオ料理の「おふくろの味」と言えばミンチ

「土生葡人」。マカオ生まれのポルトガル系住民や、ポルトガル人と中国人の混血の人々をしめす中国語である。その土生葡人の「おふくろの味」がミンチである。不思議なことに名前は英語で、ポルトガル語ではない。見た目はインドのキーマカリーにも見える。ところがまったく辛くないし、上に載っている半熟目玉焼きはマレーシアのナシ・ゴレンを連想させる。ポルトガルにも目玉焼きが載った牛ステーキにポテトをつけ合わせた料理があるので、これが遠いルーツかもしれない。

ともあれ、この半熟目玉焼きをソテーした角切りトマトとひき肉の上で崩す。そして、これをご飯と一緒に食べる。こう書くとその味はあまり期待できないように思えるけれど、これが実に美味しい。

それぞれの家庭で独特の「ミンチの味」があって、目玉焼きがウズラの卵であったり、ライスがバターライスであったり、お茶に浸したご飯だったり、ポテトが角切り大根だったりと、バリエーションは豊富。マカオを訪れてミンチに出くわしたら、是非とも試食してみたい料理の１つである。

マカオの名士が集まる伝統マカオ料理の店

ソルマー

もともとはマカオ政財界の要人たちが出資して設立した会員制クラブ内のレストランであった。出資者にいわゆる「土生葡人（ポルトガル人と中国人の混血の人々、いわゆるマカニーズ）」の名士が名を連ねていた。そのメニューは伝統的なマカオ料理として評判となり一般公開されるようになった。

その人気料理の一つが「特製アフリカンチキン」。皮が焦げるまでグリルしていたアンゴラ式のピリピリチキンを四十年ほど前にしっとりしたスパイシーソース風に改良した。鶏は広東省石岐産を厳選し必ず新鮮な鶏を使う。辛い唐辛子は香りが少ないので辛味の少ない唐辛子をポルトガルから買いつけてブレンドし香りの良さと辛さの両方を出している。

もう一つの看板メニューが「特製ポルトガルチキン」。三十数年にわたってこの店の味を守り続けてきた楊シェフ自慢の一品。ソースがアフリカンチキンよりさらにマイルド。食材だけで三十五種類以上。ソースはココナツ、ガーリック、オニオンをはじめターメリックやガラムマサラ、タマリンドなど数十種類に及ぶ東南アジアやインドのスパイスをブレンドして作っている。この料理はココナツを多用するマレー料理の影響を受けていて「ポルトガル」と名はついていてもポルトガルには存在しないマカオ料理である。

特製カニカレーの味つけもマイルド。しかし、これがカニが持つ本来の甘みを殺さない秘訣であった。カレーに入れるスパイスは三十種以上、そのほかの食材を合わせると数十種に上るという。「土生葡人」のレシピには唐辛子の入らない卵入りカニカレーもあり、あまり辛味を強くせずに素材の持ち味を生かす点は広東料理の手法に通じる。カニはブラシで足のつけ根の隅々まで丁寧に洗ってから切る。切ってから洗うと旨みが逃げてしまうからである。

同店では必ず一つの料理に対し一種類のカレーを一から作る。素材に合わせて独自の配合でスパイスを調合。肉類にはココナツ味を強めに、そしてシーフードにはフルーツの香りを強めに調整している。

上：特製カニ・カレー。意外にマイルドである。スパイスは 30 種以上を使用している
左上：西洋茨茸青菜湯。ポルトガルのスープ、カルド・ヴェルデに見えるけれど素材は中国野菜
左下：名物料理のポルトガルチキン。アフリカンチキンよりマイルド

スープでは一番人気の「西洋茨茸青菜湯」は、一見ポルトガルのカルド・ヴェルデ。しかし、ちりめんキャベツではなく中国野菜。香味野菜を入れて何時間もかけて取るチキンスープがベースになっている。ビスケットムースも地元の嗜好に合わせて甘さが控えめ。まるでアイスクリーケーキのようなさっぱりした口あたりでコーヒーが良く合う。

新メニューを開拓したり季節の特別メニューを用意したこともあるけれど、お客が「いつものあれ」しかオーダーしないので止めてしまった。「変わらぬのが一番」なのである。しかし楊シェフはいう。「実は三十数年変えてきたんだよ。」と。料理にも時流というものがある。最近は健康志向も強くなってきている。だからラードを植物油に変えたり、料理の味つけやスパイスの配合も時流に合わせ少しずつ「変わったと気づかぬように」変えている。

上：ポルトガル・イメージが残るレストラン内部
中：ビスケットムース
下：本日のメニュー

ソルマーの外観

■ ソルマー／沙利文餐廳
Solmar
営業時間：11:00 ～ 23:00
定休日：なし
住所：512 Avenida da Praia Grande
／南灣大馬路 512 号
TEL：28881881　FAX：28713387
E-mail：info@solmar.com.mo
http://www.solmar.com.mo

庶民に人気の老舗洋食屋さん
佛笑楼

一九〇三年に創業し、「ポルトガル風洋食」の味をマカオ庶民に提供し続けてきた。ブルース・リーや李香蘭も訪れたという老舗レストランである。脂っこく濃い味の正統派ポルトガル料理を薄味を好む広東人にも合うようにアレンジした。

創業当時からの看板料理で、多い時は一日数百羽をローストするという自慢の焼き鳩（石岐焼乳鴿）は、一見すると広東料理の鳩のロースト。しかしついてくる秘伝ソースは中国レストランで出てくる醤油ではなく、野菜のエキス

上：シーフード・ライス
下：扒魔鬼大蝦。車エビのニンニクバターソース味つけ。アフリカンチキンと並ぶ、この店の名物料理。名前の割りにはマイルドな味つけである

石岐焼乳鴿。広東料理の鳩のローストに見えるけれど秘伝のソースが面白い。野菜のエキスやビネガー、上湯で作る典型的な「華洋折衷料理」である

やビネガー、上湯（中国料理で使う上等のスープ）などで創り出した。同店では特に身が柔らかでジューシーな石岐の鳩を厳選。冷凍物は絶対に使わない。

これはアフリカンチキン（非洲鶏）でも同様。使うのは生きた鶏のみ。こだわりの新鮮な鶏を使ったアフリカンチキンは小気味良い辛さが鶏にからまる逸品であった。ほかのレストランと比べて辛めだが単に辛いだけではない。最初の爽快な辛さの後に二十種あまりのスパイスが醸し出すコクのある旨みがやってくる。

「車エビのニンニクバターソース味つけ」（扒蝦）は、アフリカンチキンと並ぶ人気メニュー。日本人の口にも合う味つけである。魔鬼は中国語で悪魔を意味する。何やらすごそうな名前だが味わいはマイルドでガーリックの香りが食欲をそそる。

優しい味わいの佛笑楼海鮮飯は色々なシーフードが入ったマカオ風の洋風フライドライスといった趣き。味つけにはケチャップでなく新鮮なトマトを使っている。

上：佛笑楼の店内
下：佛笑楼の入口。モダンな造りである

■佛笑楼／佛笑樓餐廳
Restaurante Fat Siu Lau
営業時間：12:00 ～ 23:00
定休日：なし
住所：64 Rua da Felicidade ／福隆新街 64 号
TEL：28573580 / 28573585
FAX：28573266
E-mail：fsl1903@macau.ctm.net
http://www.fatsiulau.com.mo

フランスでも学んだ本格派シェフが作る
エスカーダ

セナド広場から一ブロック隣に位置しているため観光客にとっては分かりやすく便利なロケーションにある。黄色い壁が特徴の歴史的なポルトガル様式の建物を改築して二〇〇六年五月に開業した。店の名前は「階段」「はしご」を意味する。二階建ての店内は天井が高くて清潔感が漂う白い壁。落ち着いた木製のテーブルセットが上品な雰囲気を出している。

豚足のポルトガルビール煮込みは骨から肉がすぐにほぐれるほどとろとろに煮込んでいる。ヒヨコ豆にもしっかりと味が染み込んでいておいしい。面白いのは「チキンとアサリのクリームソース煮」。最初は「アサリとチキンを一緒に煮込む?」とやや組み合わせに違和感を覚えたけれど余計なお世話であった。お互いが主張せずほど良くミックスされ、これが意外にも合っている。この組み合わせはポルトガル料理ではよくあり、トマトソースと煮込むものもある。

「ポルトガル風海鮮ガニのリゾット」は丸ごとカニが入った魚介リゾット。海鮮の出汁がしっかりと染み込んだお米にたっぷりの魚介が入っている。お腹いっぱいでもつい手が伸びてしまうおいしさ。魚介好きの日本人にも人気がある。つけ合わせのマッシュポテトも作り置きせず毎回茹でたてのジャガイモをつぶす。口あたりが軽くフレッシュな自家製チーズも手作り。料理と一緒に供

上品な佇まいの店内

上：大きなカニが丸ごと入ったポルトガル風海鮮ガニのリゾット
下：意外な組み合わせがおいしさを生むチキンとアサリのクリームソース煮

右上：肉がすぐにほぐれる豚足のポルトガルビール煮込み
左上：夜にはライトアップされる外観
左下：日本好きのオーナーのイヴォンヌさん

される焼き立てパンがおいしい。パンは自家製の煉瓦釜で焼いている。もっちりとした食感で、粉にもこだわり保存剤も使用していない。政庁にも提供しているという。
オーナーのイヴォンヌさんはフランスのコルドン・ブルーで二年間学び資格も取った実力派。エビの殻は玉ネギとガーリックで炒めてからスープをとるなど丁寧に手間隙をかけており、料理の一つ一つにこだわりを感じさせる。メニューも豊富にある。季節によって食材を変えるなど工夫を凝らした日替わりメニューもある。味にうるさい香港の美食家のコラムにも紹介されたほど。ここではこだわりのある本格的なポルトガル料理が味わえる。

■エスカーダ／大堂街八號葡國餐廳
Restaurante Escada
営業時間：12:00 ～ 15:00、18:00 ～ 22:30
定休日：なし
住所：6-8 Rua da S, 2 Beco da S ／大堂街８号
TEL：28966900 / 28389229
http://www.yp.com.mo/escada

住民に人気のボリュームたっぷりの店

アフォンソ三世

セナド広場の向かい側の、急斜面の坂を上った場所にある。一九九〇年にオープンした。二階席もあるけれどこぢんまりとしたレストラン。訪れた時間がちょうどランチタイムであった。店内を見渡すと圧倒的にポルトガル人の姿が目立つ。日替わりランチメニューを目あてに来る客が多く、本場の味を求めて訪れた客がリピーターとなって連日足を運ぶ。

日替わりランチメニューの「アサリのアフォンソ三世風」は、濃厚なトマトソースたっぷりにコリアンダー、ガーリックを効かせてパンとの相性も抜群。白インゲン豆とイカ、タコなどの魚介のフィジョアーダもトマトベースで日本人の口に良く合う。ポルトガルの定番料理となっている「バカリャウのグリル」は、やや塩気が濃い鱈にたっぷり加えたオリーブオイルとガーリックが香ばしくポテトとの相性も良い。どれもボリュームがあるの

圧倒的にポルトガル人が多い店内

魚介のフィジョアーダは日本人好みの味

右３点とも：濃厚な味のアサリのアフォンソ３世風、ボリュームのあるバカリャウのグリル、素朴なカスタードプリン
左上：チーズ＆カリンジャムがワインによく合う
左下：オーナーのアフォンソさん

でシェアして食べることを勧めたい。中にはハーフポーションのメニューがあるのもうれしい。

特筆すべきはワインの種類が豊富なことと、他店と比べても安いこと。ワイン好きのオーナーならではのこだわりと言える。当初はあまり積極的に紹介したくない様子であった。ガイドブックなどに掲載されてない知る人ぞ知るレストランであった。

■リストランテ・アフォンソ世／阿豐素
Restaurante Afonso III
営業時間：12:00 ～ 15:00、19:00 ～ 23:00
住所：11A Rua Central ／龍嵩正街 11 号 A 地下
TEL：28586272

日本のフェアでも腕を振るった著名シェフがオーナー
アントニオ・レストラン

鴨がたっぷりと入ったダックライス

マカオではちょっとしたポルトガル人有名シェフのアントニオさんの店。その名も「アントニオ・レストラン」。二〇〇八年一月にタイパ島でオープンした。オーナーシェフであるアントニオさんは一九七一年からマカオに居住し数々の賞も受賞した経歴を持つ。二〇〇五年には東京のホテルで開かれたポルトガル料理フェアでシェフとして腕を振るったこともある。店内はこぢんまりと落ち着いていてアズレージョを多用したポルトガル風の内装にもこだわりを感じさせる。

ポルトガルの素焼きのお皿で供される料理はどれも絶品。イカの詰め物のジャガイモ添えは濃厚なトマトベースのソースにイカと野菜などを混ぜたものが詰まっている。ジャガイモと一緒に食べるとちょうど良い。ダックライスは鴨の出汁から炊き込んだご飯の中に鴨肉、チョリソー、ベーコンが入っている。ご飯の中に埋もれて柔らかくなった鴨肉がたっぷり入っている。

豚肉とポルトガルソーセージのグリルは豚肉と茶褐色の豚の血入りソーセージ、チョリソー、ジャガイモがゴロゴロと混ざって赤ワインとジンジャーで味つけしたもの。かなり濃厚な味つけで思わずパンが進む。そのパンもまたおいしい。マカオにあるポルトガル専門パン屋にオーダーしているという。粉の味がしっかりとしていてヨーロッ

濃厚なトマトソースが染み込んだイカの詰め物のジャガイモ添え

上：豚の血入りソーセージがゴロゴロと入ったグリル
下：ヨーロッパを思わせる外観

パの風味がする。このほかにシーフードライス、ポルトガル・フィレミニヨン、アサリのワイン蒸しなど人気がある。

忘れてならないのがデザート。懐かしい味がするカスタードプリンや、アントニオさんがお客の前でフランベしてくれるクレープ・シュゼットやバニラアイスのホットチェリーソースがけなどに人気がある。テーブルが二十数席と少ないので是非予約をして出かけたい。

上：アズレージョを多用した店内
右下：カスタードプリンも絶品
左下：陽気なオーナーシェフのアントニオさん

■アントニオ・レストラン／安東尼奥餐廳
Antnio Restaurant
営業時間：月～金 12:00 ～ 15:00、18:00 ～ 23:00 土・日 12:00 ～ 23:00
定休日：なし
住所：3 Rua dos Negociantes, Old Taipa Village, Taipa ／ 仔客商街 3 号地下
TEL：28999998
E-mail：reservations@antoniomacau.com
http://www.antoniomacau.com

コロニアル風の古き良き時代を再現する
カフェ・ベラ・ヴィスタ

コロニアルムード満点のカフェレストランである。それもそのはず、ここのデザインやインテリアはかつてマンダリン・グループが経営し中国返還とともにポルトガル領事館となった名物ホテルのベラ・ヴィスタのカフェルームを再現している。壁に掛けられたマカオの風景画やメニューの表紙に刻まれたカフェのロゴ・マーク、インテリアの細部に至るまでこだわりが感じられる。

程良い脂身を残してこんがりと焼いた豚の三枚肉をタマリンドとバリシャン（蝦のペースト）のソースで煮込んだポルコ・バリシャンは代表的なマカオ料理ながら、ほかの店ではあまりお目にかかれない一品である。バリシャンにはかつてはコロアネ島産の「幼蝦」と呼ばれる小エビのペーストが使われていた。しかし開発に伴い希少となったため現在では良質の普通のエビのペーストが使われている。発酵調味料、バリシャンの塩辛さとタマリンドの酸味が豚の旨みと絶妙にマッチして何とも言えないエキゾチックな味わいが口の中に広がる。バリシャンが持つ独特の匂いが最初はとっつきにくいかもしれないけれど慣れると病みつきになる。

「アフリカンチキン」は煮込み風が多いマカオのレストランの中では珍しくなったグリル風。ソースも他店よりやや少なめだがココナツの風味が豊か。火加減に気を使い常に焼き具合をチェ

店内の柱にもベラ・ヴィスタの面影を残している

上：ポルコ・バリシャン。代表的なマカオ料理なのにほかの店ではあまり目にしなくなった。独特の匂いがあるけれど慣れると病みつきとなる
右下：高美士洋葱薯仔馬介休。タラ（バカリャウ）の塩漬けをソテーしてポテトとオニオンを添えた料理である。意外にワインと合う
左下：マカオ風の前菜

ックしながら焼き上げる。

タラ（バカリャウ）の塩漬けをソテーしたタラのポテト・オニオン添え（高美士洋葱薯仔馬介休）はポルトガル料理。タラは塩の戻し加減が難しく、ともすると塩辛さだけが目立ってしまう。これも最初は塩がきつめかと思われた。ところが上に載った卵とともに賞味するとまろやかに中和されタラの滋味が際立つ。

上：マカオ風スイーツ
下：入口に昔懐かしいベラ・ヴィスタ時代の面影を残すロゴ・マークが入口の床に組み込まれている

■カフェ・ベラ・ヴィスタ／薈景閣室
Café Bela Vista
営業時間：6:30 ～ 23:00
定休日：なし
住所：Grand Lapa Hotel, 956-1110 Avenida da Amizade ／友誼大馬路 956-1110 号 金麗華大酒店
TEL：87933871
E-mail：glmfm-cafebelavista@mohg.com
http://www.mandarinoriental.com/macau

旅遊学院レストラン

本格的なマカオ料理が出る専門学校のレストラン

上：外観はモダン。近くにモンハの砦への入口がある
下：マカオ定番のアフリカンチキンもある

経営母体の旅遊学院で学ぶ訓練の場でもあると聞いていたので正直のところ大して期待もしないで訪れた。驚いたことに本格的なレストランであった。昔のポルトガル軍の兵舎を大改造した隣のホテルとは対照的に、こちらは新しく建てられたモダンな建物であった。赤、黄、黒を基調とした超モダンな内装も豪華レストラン顔負けで学生の訓練の場とは思えないお洒落な造り。八十席のテーブルとは別に十～十二人が入る個室もある。

チョリソとアサリのスープ

肝心の料理の方もレベルが高い。料理作りの要所要所を教師も努める本格的なシェフが担当しているから当然と言えば当然であった。それでいて一品一品の値段が驚くほど安い。「ここは教育の場だからそんなに高い料金にはできない」とPR担当者の弁。逆に言えば利用者にとってはコストパフォーマンスの良いレストランということになる。モンハの砦の入口にあるから観光客も多いけれど地元のお客が半分を占めている。安さを評価する地元民の根強い人気があることが分かる。

幾つかのつまみ風料理を並べた「ポルトガル風のスターター」は変化に富んでいてハムやフライなどもある。日本人が喜びそうな蛸もあった。「チョリソとアサリのスープ」は見た目以上にあっさりした味つけ。メーンディッシュの「アフリカンチキン」にはクスクス添え。マカオで様々なタイプがあるアフリカンチキンの中では比較的パリッと焼き上げた料理に仕上がっていた。そして最後のデザートは「セラドゥーラとワインのピーチ煮」。見た目は甘ったるそうであったのに実際にはそれほどでもなかった。ちなみにガラス越しに見える巨大なワインセラーを有しておりワインの品ぞろえも豊富なことで知られている。

上：ポルトガル風のスターター。酒のつまみにもピッタリ
右下：セラドゥーラとワインのピーチ煮
左上：会食用の個室。後方にワインセラーがある
左下：客席は広々としている

レストランの撮影はランチタイム前に行った。ちょうどコーヒーの上手な入れ方の授業中であった。十数人の学生が先生の指示で順々にコーヒーを入れ、その手順やでき上がったコーヒーの評価をしていた。評価のたびに甲高い声が上がる。ここが学校であることを改めて知らされる一瞬であった。

■旅遊学院レストラン／旅遊學院教學餐廳
IFT Educational Restaurant
営業時間：12:30 ～ 15:00、19:00 ～ 22:30（金曜の夜はビュッフェ）
定休日：土曜、日曜
住所：Colina de Mong-Há ／望廈山
TEL：85983077 / 85983076
E-mail：iftfb@ift.edu.mo
http://www.ift.edu.mo/restaurant/chi

高級感溢れる店ながら値段はリーズナブル

ペローラ

人気カジノのサンズ内にある。二〇〇四年に開業した。入口に魚が泳ぐ水槽があり天井も高い。キャンドルライトが灯され、入ってすぐにロマンチックな雰囲気になる。ゴージャスなインテリアも高級感が漂う。

フレッシュでオーガニックな食材を使用した「バカリャウと野菜のボイル」は、ほど良い塩加減の鱈と新鮮な野菜がマッチしていて素材そのものを味わえるシンプルな味にまとまっている。「エビのガーリックソテー」は大ぶりなエビにスパイシーなチリソースがアクセントになっていて食が進む。「シーフード・カタプラーナ」はお椀形をした銅製の「カタプラーナ」というポルトガル独特の鍋を使った料理である。エビ、ホタテ、ムール貝、カニなどたくさんの魚介を使ったトマトベースの鍋料理。魚介のエキスが凝縮したソースはそのままパンにつけて食べてもおいしい。

「カニのカレー煮」はカレーを使ったマカオ料理の定

高級感が漂う店内

上：身をほぐしてサーブされるカニのカレー煮
左下：シンプルな味つけのバカリャウと野菜のボイル

スパイシーなエビのガーリックソテー

ポルトガルの鍋料理シーフード・カタプラーナ

番メニュー。スパイシーなカレー風味が日本人の口に合う。味が染み込んだカニの身を一つひとつ丁寧にほぐしてサーブしてくれる。つけ合わせのパンの種類も幾つかあり違った味も楽しめる。ほかには、「ポルトガルチキン」、「豚のオックステールのワイン煮」、「豚のカレー煮込み」などが人気の品である。

内装やウエートレスの雰囲気からしてさぞ値段も高額かと思いきや、驚くことにリーズナブルであった。ポルトガル料理だけでなくピザ、パスタなどの料理もある。味もプライスも申し分ない穴場なレストランである。

■ペローラ／金帆船葡式餐廳
Restaurant Pérola
営業時間：17:30 ～ 23:00
定休日：月曜
住所：3/F Sands, 203 Largo de Monte Carlo ／蒙地卡羅前地 203 号
TEL：89838222
http://www.sands.com.mo

テニスクラブの二階にある穴場レストラン

レオン

マカオ半島の西湾湖に面した会員制の「テニス・シビル・クラブ」の二階にある。レストランは一般人でも利用できる。観光客にはあまり知られていない穴場のレストラン。一九九九年にオープンした。

オックステールのトマトソース煮込みは約六時間も煮込む。冷凍でない新鮮なオックステールを使っている。通常は六時間も煮込むと型崩れするのに、アクをとりながら丁寧に煮込むことでとろっとろの肉が味わえるように仕上がっている。プルプルしたゼラチン質がたっぷりと残った肉はボリュームもある。トマトソースが染み込んでいて骨から肉が崩れ落ちる。ハーブ入りのパン粉をまぶした子羊のグリルは臭みがまったくない。脂身をとりハーブとお酒でマリネして一手間かけている。羊が苦手な人にもお薦めできる一品である。

マカオ近海で捕れた舌平目に似たマカオフィッシュのバターソースグリル（時価）も面白い。中国・珠海の海

6時間も煮込んだとろとろのオックステールのトマトソース煮込み

上：身が締まったマカオフィッシュのバターソースグリル
右下：臭みがまったくない子羊のグリル
左下：会員制テニスクラブの２階にある

眺めの良いレストランでもある

流の影響で身が締まり、塩とコショウでシンプルな味つけに。バターソースが味を引き立てている。

ポルトガル料理だけでなく、メニューにはマカオ料理、パスタ、サンドイッチなどインターナショナル料理もある。写真にはないけれど、ここの「豚の耳のサラダ」が絶品。見た目も鮮やかでマリネされコリコリとした食感の豚耳と玉ネギ、コリアンダー、オリーブなどが調度良く混ざり、レモンの酸味でさっぱりとしている。

マカオタワーが間近に見える立地だけに海も見渡せる景色の良いレストランでもある。

■レオン／利安餐廳
Leon - Restaurante Tenis Civil
営業時間：11:00～15:00、18:00～23:00
住所：1/F, 14 Avenida da Republica／西灣民國大馬路14号1樓
TEL：28301189　FAX：28316140
E-mail：leonrtc@yahoo.com.hk
http://www.yp.com.mo/leon

マカオ料理お袋の味を楽しめる
リトラル

マカオ半島の先端にある河邊新街沿いに立つ真っ白な外観の建物。内港に面したこの界隈はかつては漁業が栄えた場所であった。このことからポルトガル語で「海岸線」「海岸の」を意味する「リトラル」という店名をつけた。一九九五年に開業した。

ランチもディナーも同じメニューでアラカルトが中心。親子三代にわたってお店を経営しているのはマカニーズのマヌエラさん。代々受け継がれ伝統的で家庭の味でもあるポルトガル・マカオ料理を提供している。たとえば「シュリンプペースト入りポークシチュー」は全体のベースが洋風のテーストでありながら、エビを塩漬けして熟成発酵させたアジア独特のシュリンプペーストがほのかに感じられる。まさに西洋と東洋が融合したような料理である。濃厚なソースにワインが良く合う。

身が締まった鱈にたっぷりとガーリックが効いた「バ

独特な味を醸し出しているシュリンプペースト入りポークシチュー

上：ガーリックがたっぷり効いたバカリャウのグリル
右下２点：マカオの定番料理ミンチ（右中）とさっぱりとした豚の耳のサラダ（右下）
左下：ワインの種類も豊富にある

右上：アズレージョのあるポルトガル風な店内
右下：真っ白い壁の外観

カリャウのグリル」は食べ応えがある。「豚の耳のサラダ」も軟骨特有の食感がレモンとコリアンダーの風味でマリネされ、さっぱりとしていておいしい。

マカオでは定番の料理として有名な「ミンチ」も人気がある。これは挽き肉に角切りの揚げたジャガイモを混ぜたもの。上には半熟の目玉焼きが載っている。濃い目の味つけがご飯とよく混ぜて食べるとちょうどよく、日本人にとっても素朴で何だか懐かしい感じの味である。

六十年前の建物を使った歴史を感じさせる内装。ところどころにアズレージョなどが装飾され、ポルトガルを感じさせる。店内は広くて二百六十人を収容できる。個室もあり、小規模のパーティーでも利用できる。観光客も多いけれど地元の人もよく利用するレストランである。ここでは本格的なマカニーズの味を堪能したい。

■リトラル／海灣餐廳
Restaurante Litoral
営業時間：12:00 ～ 15:00、17:30 ～ 22:30
定休日：なし
住所：261A Rua do Almirante Sérgio, R/C
／河邊新街 261 号 A 地下
TEL：28967878　FAX：28967996
http://restaurante-litoral.com

スペインで受賞したマカオ料理の店
アローシャ

連日予約が絶えない人気のお店。アローシャは「船」の意味。店内は白い壁。温かみのある木製のテーブルセット、茶のギンガムチェックのテーブルクロスがいかにもヨーロッパの田舎にあるような素朴な雰囲気を醸し出している。そのテーブルには既にたくさんの予約席のプレートが置かれていた。二〇〇一年にはスペイン（マドリード）の「インターナショナル・アワード・フォー・ツーリスト」でレストラン部門の受賞店となった。

オーナーのアドリアーノさんはルックスはポルトガル人だが生粋のマカニーズ（中国とポルトガルの混血）。彼のお母さんがスタッフや厨房などすべてを切り盛りしていて市場への買い出しもしている。

人気料理の一つがアサリのガーリック蒸しコリアンダー風味。大きめのアサリにオリーブオイルとコリアンダー、たっぷりのガーリックを効かせていて食欲をそそる。赤インゲン豆、キャベツに豚足を煮込んだフィジョアー

たっぷりの赤インゲン豆が入ったフィジョアーダ

上：コリアンダーとガーリックが食欲をそそるアサリのガーリック蒸し
左下：ボリュームのあるバカリャウとポテトと卵のソテー

上：ヨーロッパの田舎風な店内
下：青い瞳のアドリアーノさんは生粋のマカニーズ

ダは濃厚な味で、知らず知らずのうちにワインが進む。ここはポルトガルワインも豊富にそろっている。手作りのポルトガルスイーツも忘れてはならない。

このほか人気のメニューとしてポルトガル風ミックスシーフードライス、タコライス、アフリカンチキンなど定番のマカオ料理もある。

マカオ半島の先端に位置する世界遺産「媽閣廟」のすぐ近くにあるので観光帰りに立ち寄りも可能。ただし、人気店なので早めの予約を心がけたい。

■アローシャ／船屋葡國餐廳
A Lorcha
営業時間：12:30 ～ 15:30、19:00 ～ 23:00
定休日：火曜
住所：289 Rua do Almirante Sérgio ／媽閣河邊新街 289 号
TEL：28313193　FAX：28966842
E-mail：alorcha@macau.ctm.net

昔から地元で人気の「食べるホテル」
ポウサダ・デ・コロアネ

ポウサダ（ポルトガル風旅籠）に併設のレストラン。二十年以上も前にこの店で初めて「アフリカンチキン」を味わった。ポルトガル本来の料理とは違うスパイスが効いた独特の料理が大いに気に入って、一週間ここに滞在した際にもう一度食べた記憶がある。からっと焼き上げた独特の歯ごたえが印象的であった。その味は時が経った今でも変わらない。

その時は一週間の滞在中にメニューに掲載されていたほとんどの料理を食べ尽くした。どの皿もできが良く、そしてボリュームたっぷりであった。滞在中にかなり離れたマカオ半島から訪れた集団のパーティーがあった。ここで食事をするために訪れたカップルやファミリーもよく見かけた。それは今でも変わらない。今も昔も料理には定評のあるポウサダである。

今回注文したのは「アコルダ・デ・マリスコ（パン入

アルコダ・デ・マリスコ。パンの食感が面白い

上：レストランの石造りの壁も親しみを感じる
下：ビフェ・ア・ポルトゲーサ。肉を包んだ生ハムが風味を変えている

右：テラス側から見たレストランの外観
左：絵皿もポルトガル情緒を誘う

り海産物スープ）」と「ビフェ・ア・ポルトゲーサ（ポルトガル風牛肉ステーキ）」の二品。前者は見た目はポテトかお米のグラタンのように見えた。パンを細かく分けて潰したものにオリーブを混ぜ、具材としてエビや貝をたっぷり加えたスープ料理であった。そのパン独特の舌触りが印象に残り、オリーブの風味が効いていた。後者のステーキも面白かった。牛肉を生ハムで包んで焼き上げた一風変わったステーキで塩味がピリッと効いている。一片を食べ終わると続けてもう一度食べたくなるから不思議である。少し暗めに設定した室内の天井では回転式の扇風機がゆっくりとまわっている。ここは日ごろの喧騒を忘れてゆっくりと食事をするのが適している。ちょっと気分を変えたければ外に出て食事をしてはどうか。高台から見下ろすような形で食事ができる。眼下は人があまりいない竹湾ビーチ。涼しい風にあたりながら時が経つのを気にもせずゆっくりと食事を楽しむ。そんな場にふさわしい場所である。

■ポウサダ・デ・コロアネ・レストラン／竹灣酒店餐廳
Pousada de Coloane
営業時間：8:00 ～ 22:00
住所：Praia de Cheoc Van, Coloane ／路環竹灣海灘海邊
TEL：28882143/44　FAX：28882251
E-mail：pcoloane@macau.ctm.net
http://www.hotelpcoloane.com.mo

写真つきのメニューもある老舗
サントス

タイパにある飲食店が並ぶ官也街に一九八九年にオープンしたポルトガル料理店の老舗。オーナーであるサントスさんが自ら毎朝市場へ行き新鮮な食材を買いつけに行く。気取らずに入ってポルトガル家庭料理が気軽に味わえる。ポルトガル料理がよく分からなくてもメニューは写真つきなので分かりやすいのは観光客にとってありがたい。定番メニューのほかに本日のお薦め料理メニューもある。こちらも見逃せない。

アレンテージョの郷土料理「ミガス」はパンに肉汁、オリーブオイル、ガーリックなどを混ぜ合わせ、ドロドロのおかゆ状にしたものを添えた豚肉とジャガイモのグリル。知らないで口にした際に「うん？何だろう？」と素材が気になった。サントスさんに尋ねてパンだと分かると思わず納得。確かにパンがふやけた食感であった。豚肉と一緒に食べるとおいしい。いつも完売してしまうほど人気がある。

レモン汁がさっぱりとしたアサリのガーリック蒸しコリアンダー風味

上・左下２点とも：官也街に面している。店内には今までに掲載された記事などが飾られている
右下：パンを使ったアレンテージョの郷土料理のミガス

右：デザートの種類も豊富にある
左上：オックステールスープは濃厚な味
左下：気さくなオーナーのサントスさん

「バカリャウ（鱈）のグリル」はほど良い塩気の鱈とねっとりとしたジャガイモの相性が抜群。アサリのガーリック蒸しコリアンダー風味はプリッとしたアサリにレモン汁をかけて食べる。コリアンダーがアクセントになってガーリックが効いたソースはパンにつけて食べるとおいしい。

ポルトガルワインの種類も豊富にある。オリジナルのサングリアがサイズも大・中・小あり、人数に合わせてオーダーできる。

店内にはアズレージョやポルトガルの絵皿、店が掲載された記事などが所狭しと飾られていて人気の様子が一目で分かる。料金もリーズナブル。何年も通い続けている常連客もいて連日ぎわっている。特に週末は観光客で混み合うので夜は早めの時間が狙い目である。

■サントス／山度士葡式餐廳
O Santos
営業時間：12:00～15:00、18:30～22:30
定休日：火曜
住所：20 Rua dos Clérigos, Taipa／氹仔官也街20号地下
TEL：28825594　FAX：28827508

日本の家庭料理に近い味わい ガロ

上：ソパ・ヴェルデ
下：レストラン「ガロ」の外観

タイパ島の官也街の一番南のはずれにある。中国語名が「公鶏」とあることから分かるように店の名前はポルトガル語の「雄鶏」である。店の壁にポルトガル北部の町バルセロスの郷土人形として知られる真っ赤な鶏も掲げられている。

マカオのポルトガル料理店としてはかなり古い方に属する。十年ほど前にも訪れたことがある。その時と雰囲気や料理の中身はそれほど変わらなかった。ポルトガル料理の定番であるイワシの塩焼き、アサリのニンニク蒸

上：アサリのバターとニンニク蒸し
右下：ポルトガルの田舎の店を思わせる店内
左下：店の名前にもなっている雄鳥の絵が壁にかかっている。ポルトガル北部の町バルセロスの有名な郷土人形である

上：イワシの塩焼き
下：チンゲンサイ炒め

しはいずれも日本の食卓に出る料理とあまり変わらない。それだけ日本人の口にも合い気楽に食べられる。値段もマカオ半島部の店よりも総じて安い。訪れる客もマカオに精通した香港などから訪れるカップルやファミリーが多いというのもうなずける。

■ガロ／公鶏
Galo
営業時間：月～金 11:30 ～ 15:00、18:00 ～ 22:30 土・日 11:30 ～ 22:30
住所：45 Rua dos Clérigos, Taipa Village, Taipa ／氹仔官也街 45 号地下
TEL：28827423

お客のほとんどがポルトガル人
カラベラ

ポルトガル語学校やポルトガル関係の会社などが多いグランド・リスボアの裏手にある。そのためお客はほぼ全員がポルトガル人。店名の「カラベラ」は大航海時代に活躍した独特の船型をした船の名称。ポルトガル人の弁護士夫妻が九七年に開業した。ランチ時は近所の学校や会社から日替わりのランチを食べにくる人でいつもにぎわっている。

ボリュームのあるステーキがポルトガル人には人気がある。生ハムの盛り合わせもあり、フライドフィッシュはカリッと揚げた新鮮な魚がシンプルな味つけで素材そのものの味がしておいしい。ポルトガルのパンでできたつけ合わせと一緒に食べる。スナックやスイーツなど小腹が空いた時には濃厚な味のチキンパイや生ハムを挟んだだけのシンプルなサンドイッチもある。甘いものがお好みならもちっとした食感の「セノーラ（ニンジンケーキ）」や、お米をミルクと砂糖で煮たライスプリン「ア

生ハムを挟んだサンドイッチなど軽食もある

ロス・ドセ」（「甘い米」の意味）もおいしい。昔から伝わるポルトガルの素朴なスイーツがたくさんそろっている。カフェでもあるので一休みしたい時でも利用できる。

右上：カラッと揚げたシンプルな味つけのフライドフィッシュ
左上：ライスプリンは人気のデザート
左下：おやつ感覚の素朴なポルトガルの焼き菓子
右下：弁護士でもあるオーナーのマヌエルさん

■カラベラ／金船餅屋
Pastelaria Caravela
営業時間：8:00 ～ 22:00
定休日：なし
住　所：Rua do Comandante Mate e Oliveria, Edifício Kam Loi ／馬統領街７号
TEL：28712080

ピノキオ

観光客が手軽に食べられるポルトガル料理

官也街の入口にあるピノキオの建物

バカリャウのコロッケ

三十年近く前に初めてマカオを訪れた時からある古い店。当時はツアー客にポルトガル料理を提供する店であり、店内はグループ客で溢れていた。そのピノキオがもう一つの〝老舗〟のダンボとともに健在であった。観光客が集まる官也街の入口にある。時代を経てコロニアル式の建物に変わり、ずいぶん小ぎれいな店となっていた。お客も家族連れ中心に変わっていた。

場所も便利な上に英語も分かる店員もいる。写真入りのメニューもあって料理が選びやすい点もありがたい。代表的なポルトガル料理をと考えてタラのコロッケ、海老のピリ辛炒めそして西洋式チャーハンの三品を注文した。コロッケはほぼ想像どおり。表面を堅めに揚げ歯触りも面白い。残りの二品はほかの店で出されるマカオのポルトガル、マカオ料理店と比べるとかなり塩味が強めに調理されている。

ポルトガルワインも比較的リーズナブルなものから高級品まで品ぞろえも豊富である。

上：海老の胡椒ソースいため
下：西洋チャーハン

■ピノキオ／木偶葡國餐廳
Cozinha Pinocchio
営業時間：11:45 ～ 23:45
定休日：なし
住所：4 Rua do Sol, Taipa ／氹仔日頭街４号
TEL：28827128 / 28827328
E-mail：info@cozinha-pinocchio.com
http://www.cozinha-pinocchio.com

マカオならではのワインを探す

さすがにかつてのポルトガル植民地である。ここマカオでは日本ではなかなかお目にかかれないポルトガルのワインが味わえる。ポルトガルワインなら何でも良ければアルメイダ・リベイロ通りなどに並ぶ土産物店で探せば良い。店内にも必ずポートをはじめとするワインが売られている。

しかし少しこだわって銘柄選びをしようとすると土産物店だけでは物足りなくなっている。最も手軽に様々なワインを探せる場所がスーパーマーケットである。ポートワインにしても様々なテーブルワインにしても、町中のスーパーに行けば大抵たくさんのポルトガルワインを置いている。もちろんスーパーだからポルトガルだけではない。フランス、イタリア、アメリカ、チリ、オーストラリアと産地は様々。しかし、どの店もポルトガルのワインを店頭にまとめて置いてくれるから分かりやすい。赤白のほかポルトガルの食卓でよく出されるヴェルデ（発泡性の白ワイン）も充実し

ている。当然ながらポルトの品数も土産物店よりは充実しているスーパーが多い。

ちょっと高級なものに絞って探したい向きには良い店が一軒ある。アルメイダ・リベイロ通りから民政総署の脇を入った聖オーガスティン教会の前にあるオー・ヴィーニョ（酔楽坊）である。

ポルトガルワインに限らず店主が赤丸印をつけたワインを厳選して並べている店で、当然ながら本国でも見つけにくいブランド品もそろえている。ちなみに日本酒も幾つか置かれていてこれもまた個性的であった。「ちょっとリッチに良いワインを見つけて飲んでみたい」と思ったら是非訪れて欲しい店である。

■オー・ヴィーニョ（酔楽坊）
O Vinho
営業時間：13:00 ～ 20:00
住所：崗頂前地 1 号 B
1B Largo de Santo Agostinho
TEL：2893-2931

マカオで人気のエッグタルトの店

マーガレット・カフェ・ナタ

グランド・リスボアの裏手にある「エッグタルト」の有名店。お店は小さいけれどオープンエアのテラス席があり有名店だけにお客の足が途絶えない。

人気の「エッグタルト」を食べてみた。厚めのパイ生地がサクッとして焼き立てのせいかほんのり温かいカスタードクリームが口の中で広がる。たくさんの卵を使用しているので風味が口に残る。

外国のお菓子は甘みが強いことが多いけれど思ったより甘さは控えめ。テーブルにはシナモンパウダーが置いてあり、お好みでかけて食べる。通はシナモンをかけて食べるらしい。カスタードの甘みにシナモン独特のスパイシーさが加わりまた新たな味で後を引く。

お菓子だけでなく具をチョイスできるサンドイッチなどもありランチ時には行列ができる。町歩きで疲れた時にオープンエアのテーブルで一休みするのに適している。

右：テラス席はいつもにぎわっている
左：ほどよい焼き色が食欲をそそる

■マーガレット・カフェ・ナタ／瑪嘉烈蛋撻店
Margaret's Café e Nata
営業時間：月～土 6:30 ～ 20:00 日 10:00 ～ 19:00
定休日：水曜
住所：Edifício Kam Loi, Nam Van ／南灣金來大廈
TEL/FAX：28710032

甘みを抑えたエッグタルトは絶品

ロード・ストーズ・カフェ

エッグタルト工場はこの店の奥にある

マカオにはエッグタルト専門店が数多くあるけれど、これだけおいしく感じる店は少ない。甘みを抑えて作られたクリームが口の中で広がる感触はまた格別である。もともとはタルトを小売りしていた店が人気が出すぎて喫茶コーナーを設けた。マカオ半島からはかなり離れたコロアネ島にある店ながら最近はわざわざここまで訪れるお客が多く、店内はいつもにぎわっている。タルト工場に隣接した店のほかにバス停のあるジャルディム・ラマーリョ・エアネス（恩尼新花園）の近くにも店舗を構えている。

■ロード・ストーズ・カフェ
/ 安徳魯咖啡店
Lord Stow's Cafe
営業時間：11:00 ～ 18:00
住所：Largo da Matadouro, Coloane
TEL：28882174
E-mail：lordstow@macau.ctm.net
http://www.lordstow.com

■ロード・ストーズ・ガーデン・カフェ
/ 安徳魯花園咖啡館
Lord Stow's Garden Café
営業時間：毎日 10:30 ～ 19:00
住所：路環打纜街
Rua da Cordoaria, Coloane
TEL：28881851
E-mail：lordstow@macau.ctm.net
http://www.lordstow.com

香港の人気店がマカオに逆上陸
泰昌餅家

上：泰昌餅家のエッグタルト
中：泰昌餅家の入口。周囲は住宅街である
下：店の一番前にエッグタルトが置かれている。店内には菓子パンなどが並んでいる

マカオスタイルのエッグタルトを提供する店として香港で話題の泰昌餅家のマカオ分店である。場所はマカオ半島の北半部、ロウリムイオック庭園とは目と鼻の先。この立地から分かるように地元民を意識しての出店である。通常のパン類も洋菓子類とともに販売している。生クリームのようなエッグタルトは素材の卵を強く感じさせる味わい。大きさも手頃で食べやすい。

■タイチョンベンガ／泰昌餅家
Tai Cheong Bakery
営業時間：7:00 ～ 21:00
住所：Rua de Francisco Xavier Pereira／俾利喇街 121 号 L3 鋪
TEL：28526834
http://www.taicheongbakery.com

ビバマカオ航空の現地スタッフが教える

手軽に楽しめるB級グルメの隠れた名店

マカオ最大の観光名所となっているセント・ポール天主堂跡。その麓にあたる関前後街を歩いて行くと、途中で通りの名前が果欄街に変わる。古道具店などが集まる通りに面してポツンとあった何の変哲もない店構えの飲食店に入ってみた。店の名前は栄記荳腐麺食。店頭の張り紙に書かれた「豆腐麺」という文字に何となく惹かれて注文した。その名の通り麺とスープが入ったドンブリの上には、軽く味つけをした豆腐が載っていた。スープは想定以上にさっぱりとしていて食べやすい。そして何よりも豆腐がうまい。細麺と豆腐の組み合わせは意外に合っていることが分かった。それでいて値段は日本円にして百円から百五十円の間と安いので、小腹が空いた時の軽食としては最高である。学校帰りの高校生が仲間と連れだって立ち寄っていたのも分かる気がした。

栄記荳腐麺食の入口（下）と豆腐麺（上）

■栄記荳腐麺食
Sopa De Fitas Wing Kei
営業時間：8:00 〜 18:30
住所：47 Rua da Tercena／果欄街47号
TEL：28921152
http://www.yp.mo/vengkei

3点とも：いつ訪れても行列ができている添發碗仔翅美食。2枚の写真は別の日に撮影した。大きなフカヒレが入ったスープが出てくる

■添發碗仔翅美食
Tim Fatt Sharkfin
営業時間：13:00～23:00
住所：18 Rua da Felicidade ／福隆新街 18 号
TEL：28389265

3点とも：詳記麵家。招牌蝦仔撈麵（上）は主食の白飯のようにして食べる。こちらも行列のできる店（中）である。スープ麺の雲呑湯麵（下）もおいしい

マカオを訪れたなら、ポルトガル・マカオ料理は是非とも味わいたい。その一方で忘れてはならないのは麺類などを中心とした値段も安い〝B級グルメ〟である。もっとも〝B級グルメ〟と言っても中身は様々。麺類や飲茶のような中国料理版ファストフードから始まって、ポルトガル菓子の影響を受けたケーキ類、そしてアイスクリームや冷菓までとバラエティーに富んでいる。それも日本の町中でも見かけそうなうらぶれた感じの店構えの定食屋、ラーメン店などが実においしい。マカオでは「早い、安い、うまい」の三拍子がそろった名店がいたる所にある。

■詳記麵家
Oja Sopa De Fita Cheung Kei
営業時間：12:00 ～ 25:00
住所：68 Rua da Felicidade ／福隆新街 68 号地下
TEL：28574310
http://www.youaomen.com

右：朝粥が人気の三元粥品専家の入口。残念ながら昼前に訪れたところ店じまいしていた
左：福隆新街には様々な飲料水を出す店も多い

■三元粥品専家
Sam Un Loja de Canja
営業時間：7:00 ～ 12:30、20:00 ～ 23:00
住所：44 Rua da Felicidade ／ 福隆下街 44 号地下
TEL：28573171

行列のできるフカヒレスープ専門店

昔の遊郭街が再開発され飲食店が集まる観光スポットとなった福隆新街（p253参照）に連日長蛇の列ができる店がある。フカヒレスープの専門店で店の名前は添發碗仔翅美食。座席数にしてわずか二十。狭い店なので合い席となる。午後一時の開店と書かれていたので出直して一時十五分前に店内に入った。タッチの差で人の列ができ順番待ちで並ばないで済んだ。店内で料理を待つ人も、列を作っている人も一様に〝食に飢えた〟表情をしている姿が印象的であった。小椀なら料金が日本円に換算して一人前二百五十円からと驚くほど安い。そしてうまい。本格的なスープでも日本円にして八百円くらい。長い行列の大半は香港からの観光客が占めていた。

　福隆新街で行列ができる店がもう一店ある。麺が売りものの詳記麺家。こちらも香港からのお客が行列の主力である。メニューの中からワンタン麺と野菜麺（菜湯麺）を頼んだ。思ったよりも薄味で食べやすい。ふとまわりを見渡すとお客の大半が一様に麺の上に何やらふりかけたものを食べている。早速注文してみた。招牌蝦仔撈麺と書かれている。ゆであげた麺に海老を粉末にして味つけした一種の調味料をふりかけていた。これをご飯代わ

ビバマカオ航空のブレンダさんおすすめの金馬輪。店頭右寄りに巨大なパン（上）が置いてある。エッグタルト（下２点）もこの店の人気商品の１つ

■金馬輪
Kam Ma Lon
営業時間：7:00 ～ 18:30
住所：50 Rua dos Mercadores ／營地大街 50 号
TEL：28572385

十月初五日街（左下）にある南屏雅叙（左上）のロールケーキ（右）が人気の品

■南屏雅叙
Nam Ping
営業時間：6:30 ～ 18:30
住所：85-85A Rua Cinco de Outubro ／十月初五街 85-85A 号地下（十月初五日街）
TEL：28922267

りにして何か料理を頼むのがここでの食事の仕方のようであった。福隆新街にはこのほか朝粥で有名な三元粥品専家などもある。

住環境の悪さが飲食店を発達させた

見るからに中国人街らしい街並みの十月初五日街を歩いていて「南屏雅叙」という名前の店先でロールケーキを見かけ注文した。値段は日本円にして五十円くらい。安物のテーブルが無造作に置かれた店内で買ったばかりのケーキを食べていると、店員が無料のお茶を持ってきた。ボリューム満点のうえ、甘みを控え目にしたクリームが挟み込まれたとても食べやすいロールケーキであった。この手の無名ながらもおいしいパン屋が多いのもマカオの特色である。

麺類や飲茶を扱う大衆店は隣の香港や中国大陸の都市部、あるいは台湾などでも見かける現象であり、必ずしもマカオだけの特色ではない。しかし何かマカオの〝B級グルメ店〟のレベルが高く感じられる。とにかくふらっと入ってもあたり外れがない点がうれしい。この〝B級グルメ店〟の充実ぶりはマカオの歴史とも大いに関係している。

マカオの住民はポルトガルの植民地時代から中国人が

3点とも：とにかく安い。そしてうまい北京水餃。入口のガラス戸（上）に絵入りのメニューが描かれているので分かりやすい。右は水餃子、ジャージャー麺、スープの３点セット。左は２分の１羽分の蒸し鶏料理

■北京水餃
Peking Dumplings（Beijing Dumplings）
営業時間：11:00 ～ 24:00
住所：5A Travessa do Aterro Novo ／新填巷５号 A
TEL：28324182
http://www.3d.macau.com

5点とも：営地街市の上の階にはフードコートがある。どの店も安い

セナド広場脇で入った甘味店の九記冰室。コーヒーゼリー風の食品とアイスクリームの組み合わせが人気を集めている。右上はあずき入りの紅豆涼粉新地。右下はミックスフルーツ入りの雑果涼粉新地

■九記冰室
Sorvegel
営業時間：8:30 ～ 20:30
住所：9 Travessa do Roquete ／羅結地巷9号B地下
TEL：28375716

圧倒的に多い。しかもここは「食在広州」で知られる広東料理のふるさと広州を背後に控えている。料理がおいしい訳である。そして狭いマカオに五十万人もの住民がひしめくように暮らしている。中国への施政権返還を前後して超高層住宅が相次ぎ誕生して住環境は様変わりしたものの昔はマカオの住宅事情は悪かった。特に第二次世界大戦中そして戦後にかけての短い期間に中国本土からまるで集中豪雨のように多くの人々が移り住んだこともあり、慢性的に住宅の供給が間に合わなかった。このため台所さえない家も少なくなかったし、あっても驚くほど狭い台所を使わざるを得なかった。

こうした中で早くから急成長したのが今でいう外食産業である。それも家で食べる「普段着の食事」が人気となった。屋台から始まりやがて店を構えた〝出世店〟も少なくない。こうして〝B級グルメ店〟が次々と育っていった。植民地の支配者ポルトガル人がもたらした食文化も住民の舌をレベルアップさせることに貢献した。ポルトガル料理だけでなく、ポルトガル料理にインド、マレー、アフリカ、そして中国の料理文化を融合したマカオ料理がマカオの中国人社会に与えた影響も大きかったかもしれない。

■華峰食館
Estb de Comidas Wa Fong
営業時間：終日
住所：454 Avenida Dr. Sun Yat Sen, Taipa／氹仔孫逸仙博士大馬路 454 号
TEL：28832115

4点とも：24時間営業の華峰食館（右中）。シンプルな味の野菜炒め清炒時菜（右上）とボリュームたっぷりの魚香茄子（左上）。店内（右下）はいつも混んでいる

前置きが少し長くなってしまった。〝B級グルメ〟は余計な解説ではなく、舌で体感することの方が理解しやすい。ここから先はマカオで暮らしマカオをよく知る、ビバマカオ航空でケータリングとクルーのオペレーションを担当するマネージャーのブレンダ・ウォンさんにも協力してもらい、人気の名店、地元っ子だけが知る無名のグルメ店を紹介する。

総額二百円程度の食事の出る店も

ブレンダさんが「ここはとにかく安い」と紹介してくれたのが新填巷にある北京水餃（P99）。福隆新街とアルメイダ・リベイロ大通り（新馬路）とに挟まれた細い道にある。麺類、スープ、水餃子の三点セットで何と十

3点とも：ピータンが入った茶碗蒸し風の三色蒸水蛋（上）とカレー風味のスープ麺の咖喱雛麺（中）。入口（下）から店内がよく見える

四パタカ。みんなで食べようと頼んだ二分の一羽分のチキンもわずか三十パタカであった。観光客が集まるセナド広場のすぐそばという恵まれた立地でこの値段は信じられない。セナド広場付近で観光客が気がつかない穴場が営地街市にある「フードコート」（P100）である。一階は地元の人々が買い出しに来る市場。その三階に小さな屋台風の飲食店が軒を連ねている。これらの店を取り囲むようにしてテーブル席が広がる。そこで裸のオジサンがビールを飲みながら食事をしたりしている。家族づれや友達同士の集団が次々と訪れとにかく混んでいる。ここで食事をするには、まずは場所の確保が先決である。

女性だけに甘味類には目がない。セナド広場付近で隠れた名店とブレンダさんが推薦したのが九記氷室（P101）。セナド広場から大堂に向かう坂道の途中にある。色あせたコカコーラの看板を目印に探すと良い。日本にも昔あった駄菓子屋を思わせる店構えなのに店内はお客でびっしり埋まっていた。グラスゼリーにアイスクリームをのせた甘味類で何やら餡蜜を思わせる。ただし甘みを抑え気味にしているので食べやすい。料金は日本円で二百円くらい。ボリュームたっぷりなので、これだけでとりあえず満腹となった。

庶民の味を求めてタイパ島にまで足を延ばす

「おいしい店はマカオ半島だけではありません。タイパ島に行きませんか」とブレンダさんに勧められた。観光客が集まるタイパ・ビレッジかと思いきやまったく別

■肥仔文美食
Fei Chai Man Mei Sek
営業時間：17:00 ～ 26:00
住　所：460 Avenida Dr. Sun Yat Sen, Taipa／氹仔孫逸仙博士大馬路 460 号地下1舗
TEL：28844079
http://www.yp.com.mo/feichaiman

3点とも：龍華茶楼の店内（上）と入口（右下）。ここでは広州式の朝の飲茶が楽しめる

■龍華茶楼／龍華茶楼
Casa de Cha Long Wa
営業時間：6:00 ～ 14:00
定休日：月曜
住　所：5 Rua Norte do Mercado Almirante Lacerda ／罅些喇提督市北街５号
TEL：28574456

龍華茶楼の入口にある茶筒。お客はまずお茶選びから始まる

の場所であった。孫逸山博士大馬路沿いの華峰食館（P102）で、さすがにここまでは観光客は来ない。その日はちょっと食べ過ぎたので、場所だけ教えてもらって夜になって取材陣だけで行くことにした。二十四時間営業で、いつも満席状態となる。ありがたいことに新しいお客が来ると先客が気を利かせてさっと席を空けてくれる。

造りはごく普通の大衆食堂で事情を知らないで入ったら「ほんとうにこの店がおいしいの？」と多少の不安が残る店構えである。清炒時来（季節野菜の炒めもの）を注文した。町中でよく見かける青菜をさらっと炒めた簡単な料理であった。これがボリューム満点で薄味のため食べやすい。メーンとして頼んだ魚香茄子は豚肉のミンチと鱈のような塩魚を大量のナスとともに炒めた料理であった。こちらの料金は日本円で約四百円。一見すると辛そうなのに意外や薄味であった。このほかにウナギ料理も多い。豉汁蒸風膳（蒸しウナギのトーチソース、四十五パタカ）などがお勧めである。

この店の隣に肥仔文美食（P103）がある。こちらもブレンダさん推薦の店であった。今回は仕事だからと思って夕食を梯子した。注文した三色蒸風蛋（約四百円）は、ピータンを入れ込んだ茶わん蒸し風の料理。ボリュームたっぷりながら味はマイルドで、あっという間に食べ尽

右２点：マカオ名物の牛乳プリンを出す義順牛奶。セナド広場にある有名店の１つである
左２点：イタリアンジェラートを売るレモンチェッロ。地元の若者に人気がある

■レモンチェッロ／雪糕禮券
Lemon Cello
営業時間：11:00 〜 23:00（土のみ 〜 24:00）
住所：11 Travessa da Sé R/C ／大堂巷 11 号地舗
TEL：28331570
http://www.yp.mo/lemoncello

■義順牛奶
Yee Shun Dairy Company
営業時間：11:00?23:00
住所：7 Largo do Senado ／議事亭前地 7 号
TEL：28573638

くした。そしてもう一つ咖喱雞麺（料金は二百円強）を注文した。いわゆるカレー麺である。麺はソース焼きそばなどで使うちぢれ細麺で、カレースープは思ったよりも薄味である。カレー味のスープ麺の上にぶつ切りにした無数の鶏肉、そして大きなジャガイモが半個だけ入っていた。

紅街市の隣で昔ながらの朝の飲茶で腹ごしらえ

広州や香港と同様にかつてのマカオでは、朝食を飲茶の店でとることが多かった。最近はその手の店はあまり見かけなくなった。そんな昔ながらの食事を楽しめるのが半島北部にある紅街市の北側にある龍家茶楼（P104〜105）である。「懐旧点心」というポスターを掲げているように室内はレトロ感に溢れている。朝の点心は毎日十点ほどそろえていて、お客は蒸籠の中をのぞき込んでその日に食べるものを決める。主として紅街市を訪れた買い物客が立ち寄る。しかし最近は早朝点心ということで珍しがられ、訪れる観光客も増えている。

マカオは早朝の飲茶から始まり、その一方で観光都市ゆえに夜遅くまで営業する店も多い。観光客にとって恐ろしいのは、B級グルメに徹していてもおいしいのでつい食べ過ぎとなることである。

第2章
マカオに泊まる

旬のホテルが次々と誕生するマカオの魅力

ホテルの専門家が今一番、ホットな場所として関心を持ってる都市が世界に二カ所ある。ドバイ、そしてマカオである。ザ・ヴェネチアン・マカオ・リゾート・ホテル、ウィン・マカオ、シティー・オブ・ドリームズ内の三ホテルなどの誕生で話題を集めている。マカオはむしろタイパ島とコロアネ島間の埋め立て地「コタイ」を中心に大型高級ホテルが相次ぎ誕生するこれからが、本格的なホテルラッシュの幕開けとなる。

観光客にとってマカオはこれまでホテル不足が最大の問題であった。もともと日本人観光客が泊まるレベルの高級ホテルの数と客室数自体が不足気味であった。そのうえ週末は香港からフェリーで訪れる旅行客が極端に多くなるため週末のホテルの確保がなかなか難しく、せっかく取れても料金が割高となるなど問題もあった。

日本人のマカオ旅行が香港旅行に付随した日帰り旅行にとどまっていたのもそのことが大きな理由であった。相次ぐ大型高級ホテルの誕生はホテル不足の問題を解消しただけではなく日本人のマカオ旅行のパターンを大きく変えようとしている。

セント・ポール天主堂跡に代表されるようにマカオにはもともと観光スポットは十分なほどある。カジノが公認されていることでラスベガスと同様にホテル側も設備が整っている割には安い宿泊料金を設定している。こうした魅力を生かさない手はない。ホテルの事情で香港からの日帰り旅行地に長らく甘んじていたマカオが今、一転して滞在型リゾート地に変わろうとしている。

シティー・オブ・ドリームズ内にあるハードロックホテルの壁

上：ウィン・マカオのスペクタクルな“繁栄の木”のパフォーマンス
下：MGM グランド・マカオのアトリウム「グランドプラザ」

マカオに出現した巨大カジノホテル

The Venetian Macau-Resort-Hotel

ザ・ヴェネチアン・マカオ・リゾート・ホテル

ホテル、カジノ、ショッピングエリア、シアター、アリーナ、コンベンションセンター、エキシビションセンターが一体となった複合施設である。巨大なアミューズメントパークといった方が分かりやすいかもしれない。

総敷地面積は三十エーカー。ジャンボジェット機がおよそ百機収容できる広さに相当する。事前に客室数が三千室あることを聞いてもイメージがわかなかった。ホテルを目のあたりにした時になるほど納得ができた。それだけの人数を収容できる外観にまずは圧倒された。

テーマパークのようなメーンエントランスからレセプションエリアへ入ると最初にゴールドのアーミラリ天球儀が目に飛び込んできた。その輝きに誰もが目を奪われる。観光客もみな我先にと記念撮影を始める人気の場所にもなっている。

ここから中央にある客室へと向かうには「エントリーウェイ・コロナード」と呼ばれる列柱つきの廊下を通ることになる。誰もがまずは美しい天井に目を奪われる。そこには一七〇〇年代に活躍した画家ティエポロ作のフレスコ画の複製が描かれている。

コロナードを越えると前方に豪華絢爛なカジノエリアが現れる。このエリアには富と繁栄の象徴である金魚、幸運の象徴の不死鳥と龍が描かれ、中国とヨーロッパが融合したデザインで装飾されている。ホテルの中央に位置するグレート・ホールの天井にも壮大なスケールのフレスコ画が描かれている。このグレート・ホールを抜けた奥に客室へと向かうエレベーターホールがある。

客室すべてがスイートタイプ

客室はノースウイングとサウスウイングの二つに分かれていてすべてがスイートタイプ。七十平方メートルもある客室はベッドスペースとリビングスペースの間に二段の段差をつけ、分けた造りになっている。マテリアル

上：後ろにそびえるのが 3000 室を保有する客室棟
下：カウンターが幅広い豪華なロビー

ザ・ヴェネチアン・マカオ・リゾート・ホテルやカジノへと導くコロナード

は中国、デザインはイタリアと、有名なザ・ヴェネチアン・ラスベガスに合わせている。ブルーとゴールドのファブリックを使った優雅な天蓋ドレープつきのベッド、ソファ・スリーパーも備えられ、部屋全体にラグジュアリー感が漂う。テレビはリビングスペースにもありビジネスマンには便利なファクスとプリンターの複合機も設置されている。

バスルームも豪華。イタリア産大理石のバスルームは明るく独立したシャワーブース。ドレッサー、ワッフル素材のバスローブに加えアメニティーも充実している。巨大な客室なのでお湯の出が気になった。ところが蛇口をひねると勢いよく、しかもきめ細かいお湯がでてきた。備えつけのスリッパが左右の足に合わせてカーブしているので履き心地が良い。

三階にある「グランド・カナル・ショップ」は三百五十店舗、一千席のフードコート、三本の運河がある巨大なショッピングモール。ヴェネチアの街並みを再現した。広場では大道芸人のパフォーマンスなどが繰り広げられ訪れた人を楽しませてくれる。数々の一流ブランド店やレストランなどもあり陽気な船頭がカンツォーネを歌うゴンドラが行き交う。運河をよく見ると無数のコインが投げ込まれていた。集まったコインはチャリティーに寄

ゴールドにきらめくアーミラリ天球儀

上：南国ムード溢れるプール
中・下：キングサイズベッドが置かれたロイヤルスイート

付している。

巨大なホテルだけにレストランの数も豊富である。「バンブー」ではアジアンビュッフェが楽しめ、アールデコスタイルでライブも楽しめる香港の「カフェ・デコ」もあり各国の料理が味わえる。

このほかの主な施設には最高のリラクゼーションが堪能できる「ヴイ・スパ」、パームツリーが生い茂るプールもある。「ヴェネチアン・アリーナ」ではワールドスポーツが開催され、「ヴェネチアン・シアター」ではシルク・ドゥ・ソレイユのショーが上演される。

平日は四万人が訪れ週末には十万人も訪れる。開業から半年未満で入場者数が何と一千万人を突破した。この数字からも分かるように、とにかく話題騒然。今後も目が離せないホテルである。

上：レストラン「カフェ・デコ」ではライブが楽しめる。ホテルの朝食はここでとる
下２点：約200平方メートルもあるリアルトスイート

■ザ・ヴェネチアン・マカオ・リゾート・ホテル／澳門威尼斯人酒店
The Venetian Macao-Resort-Hotel
客室数：3,000室
住所：Estrada da Baía de N. Senhora da Esperança, S/N, Taipa／氹仔望德聖母灣大馬路
TEL：28828888　FAX：28828823
E-mail：inquiries@venetian.com.mo
http://www.venetianmacao.com

Four Seasons Hotel Macao

フォーシーズンズ ホテル マカオ

ポルトガル色を強調したデザインに特色

フォーシーズンホテル マカオの正面外観

世界的な超高級ホテルチェーンのフォーシーズンズホテル・アンド・リゾーツの新ホテルがマカオに誕生した。場所は話題のカジノ・リゾートとして知られるザ・ヴェネチアン・リゾートとの隣接地。ヴェネチアン自身も超高級を謳う巨大なカジノ・リゾートであるけれど、こちらはリッチな家族づれが休暇を過ごせるリトリート感覚のホテルとなっている。

マカオには数多くのホテルがあるけれど、ポルトガルの香りがするホテルは意外に少ない。その中でフォーシーズンズはマカオの歴史を創りあげてきたポルトガル文化を意識したデザインを随所に採り入れている点に特色がある。エントランスをくぐると正面には一対の曲がり階段があるコロニアル様式を採り入れた空間が広がる。その右手がレセプション。スタッフが立つ背後には巨大なアズレージョの壁があり、顧客はここで早くもポルトガル気分に浸り始めることになる。レセプションと廊下を挟んで対峙するようにあるウインドーズレストラン。

エントランスの先は豪華な曲がり階段になっている

上：レセプションの後方の壁は巨大なアズレージョになっている
右下：「Cabana（小屋）」と呼ばれるテントがプール脇にある
左下：プールもプライベート重視の設計になっている

右上：スパのレセプション
右下：スパのトリートメントルーム
左上：様々なプロダクトをそろえたスパのショップ
左下：アフタヌーンティーも楽しめる「ウインドーズレストラン」

大きな円柱がアクセントとなった上品な空間で、ここではアフタヌーンティーも楽しめる。

メーンレストランは紫逸軒。香港から招聘したシェフによる本格的な広東料理を出す。中央にガラス張りの巨大なワインセラーを有し、その周辺を食卓が囲んでいる。個室も大小合わせて四室を備えている。このほかビュッフェスタイルのレストラン「ベルカンサン（鳴詩）」。ここでは日本、ポルトガル、イタリア、中国、インドなどの各国料理を楽しめる。

スパの充実ぶりも特筆すべき点である。インテリアは香港のフォーシーズンズとほぼ同じデザイン。ただしプロダクツはマカオ独自のものを使っている。スイミングプールもファミリー層を意識した造りになっている。四つのプールを配し、その間に子供用、さらには幼児用の浅いプールまで設けている。

上：ベッドルームは落ち着いた雰囲気
下：バスルームもゆったりしている

■フォーシーズンズホテル マカオ／澳門四季酒店
Four Seasons Hotel Macao
客室数：360 室
住所：Estrada da Baía de N. Senhora da Esperança, S/N, Taipa／氹仔望徳聖母灣大馬路
TEL：28818888　FAX：28818899
http://www.fourseasons.com
◇日本の予約・問い合せ先
フォーシーズンズ ホテル アンド リゾート 予約オフィス
TEL：0120-024754（フリーダイヤル）

上・左下：シグネチャーレストランの「紫逸軒」。広東料理が楽しめる
右下：ポルトガル料理をはじめ世界各国の料理が楽しめる「ベルカンサン」

Crown Towers

クラウン・タワーズ

シティー・オブ・ドリームズの中軸ホテル

クラウン・タワーズの外観

マカオの新しい観光名所として誕生したシティー・オブ・ドリームズの旗艦ホテル的な存在である。それだけに最高級ホテルを意識して造られ、あらゆる面でグレードが高い。インテリアデザインにモダンな要素を採り入れていながらも落ち着きが感じられるのはそのためである。

細長く造られたロビーはゆったりとしている。そこに外部から二つ、そしてシティー・オブ・ドリームズ内からの入口が一つつながっている。超高級を売り物にしているだけにコンシェルジュコーナーも充実している。

客室はスタンダードでも六十平方メートルもあり広々としている。このため大きなベッドが小さく見えるほど。当然ながらバスルームや荷物置き場もゆったり採っている。正方形のバスタブもゆったりとしていて数人が入れるくらい。廊下や入口付近は落ち着いたダーク系の色でまとめている一方で、ベッドルームは一転して白が基調。この対比もなかなか面白い。明るい部屋

上：レセプション
右下：コンシェルジュコーナーは別の場所にある
左下：ロビーの家具も高品質のものが使われている

右上・左上・右中：スタンダードルーム。60 ㎡もある。白色を使って明るい雰囲気を出している
左中：正方形をしたバスタブ。室内に生花が置かれている
下：ダブルシンクのパウダールーム

右上：プレミアムスイートのリビング
右下：バスタブからは外の景色を楽しめる
左：ベッドルームもゆったりとしている

は滞在型リゾートらしい雰囲気で過ごしやすい。ワイドな画面のテレビとは別にバスルームでもテレビ番組が楽しめるよう別のテレビが用意されている。

ワンランク上のプレミアスイートはベッドルーム、リビングスペースともにゆったり採られている。ここへの滞在者はシャンパンなど一部を除き室内に置かれた飲み物類は無料のサービスとなっている。窓の部分が広くて開放感に溢れている。

メーンレストランはホライゾン（尚雅坊）。黒を基調とした内装のレストラン内部はゆったりとした空間が採られ落ち着きを感じさせられる。入口を入るとすぐ高級感溢れるバーがあり、利用客はここでアペリティフを楽しんでから食事に臨むことになる。ここは宿泊客の朝食の場にもなっている。

三階にあるスパ・アット・ザ・クラウンも人気が高い。総面積は三千五百平方メートル。ゆったり採ったスペースに置かれたトリートメントルームはわずか八室。ここではプライバシーを重視した最高のトリートメントが堪能できる。宿泊者は無料で利用できるフィットネスクラブやプールなどアーバンリゾートにふさわしい施設はすべてそろっている。

右上：フィットネスクラブ
右下：スパの入口
左上：スパのトリートメントルーム
左下：スパのプロダクツはイギリス製とスペイン製を使用している

上：ホライゾン（尚雅坊）の入口
右下：ホライゾンのウエーティングルーム
左下：ホライゾンのテーブル席

■クラウン・タワーズ／皇冠度假酒店
Crown Towers
客室数：約 300 室
住所：Estrada do Istmo, Cotai ／路氹連貫公路（シティー・オブ・ドリームズ内）
TEL：88686888　FAX：88676888
E-mail：contactcentre@cod-macau.com
http://www.cityofdreamsmacau.com

Hard Rock Hotel

ハードロックホテル

著名アーティストの衣装や楽器も飾られた

ハードロックホテルの外観

シティー・オブ・ドリームズ内にあるホテルの一つ。エントランスをくぐると「ハードロックの世界」が広がる。ハードロックの世界を代表するアーティストの衣装や楽器を飾ったロビーの壁、そしてロビーやロビー脇のRバー、さらには各階のエレベーターホールにハードロックミュージックが流れている…。世界各地にある同名ブランドのホテルと同様にハードロックの名にふさわしい個性溢れるホテルである。

ロックミュージックへのこだわりはホテルのいたるところに表れている。各エレベーター階のロビーにはミュージシャンの写真と舞台衣装を配置し、部屋の中にも音符をイメージした飾りを配するなどその徹底ぶりにはほとほと感心させられる。若者だけではなくロックミュージックを聞いて育ってきた中高年層をも意識しているためか、モダンで斬新なようで、それでいて快適性にも気配りした落ち着きのある客室である。

上：レセプション。半円形のレセプションが３つ並んでいる
下：壁には著名ロック・アーティストの楽器や衣装が陳列されている

デザインは同じでも曲線の建物の影響で部屋が微妙に異なる。白と黒を強調した内壁。家具は木目調とガラスを駆使したお洒落なデザイン。赤いテーブルが中央にあり客室内の憩いの場を構成している。客室で面白いものを

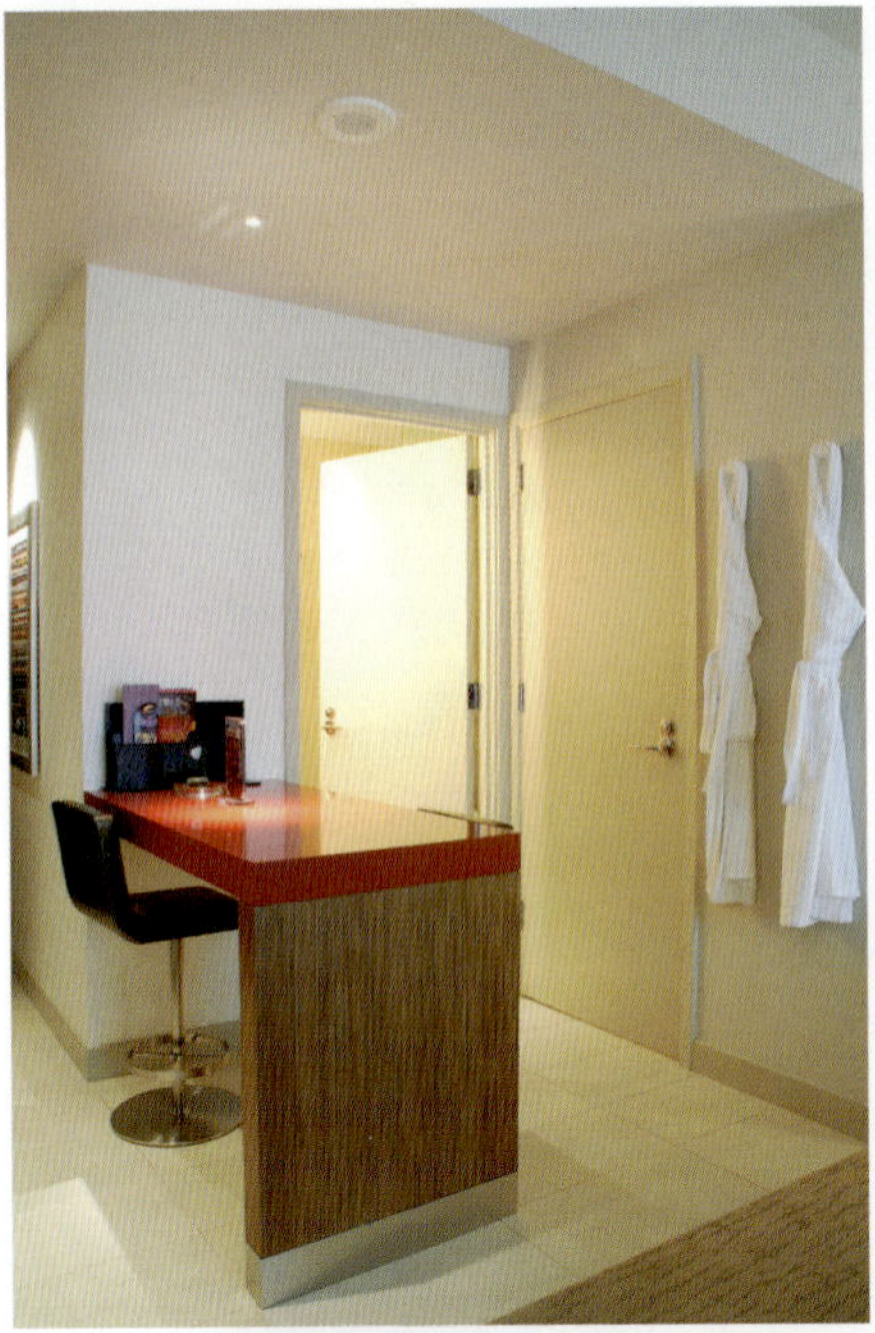

右上：ハードロックホテルのベッド
左上：カウンター式のテーブル。右手のドアの先がバスルーム
右下：バスルーム内の洗面所
左中：小物もお洒落にできている
左下：オリジナルカクテルを紹介するレシピ

右上：Rバーのカウンター
左上・右下・左下：ホテルのショッピング街への入口にはハードロックホテルらしい専門ショップがある

見かけた。カクテル用のシェーカーとともに赤と黒でまとめたカクテルのレシピ。そのレシピは部屋ごとに違う。

　隣接するショッピング施設の屋上を使ったスイミングプールも面白い。プールサイドのサンデッキの下に砂が撒かれてビーチ化している。その脇にも砂浜がありビーチバレーが楽しめるようになっていた。中でも人気があるのは「ウェーブ」と呼ばれるプールバー。プールに居ながらにして飲み物や料理を楽しめる。

　ヨー・ヌードルやフレーム・バーなどの料飲施設も二階にある。これを利用するだけではなくシティー・オブ・ドリームズ内に繰り出して様々な料飲施設を利用することもできる。

■ハードロックホテル／硬石酒店
Hard Rock Hotel
客室数：約300室
住所：Estrada do Istmo, Cotai ／路氹連貫公路（シティー・オブ・ドリームズ内）
TEL：88683338　FAX：88673338
E-mail：contactcentre@cod-macau.com
http://www.cityofdreamsmacau.com

Wynn Macau

ウィン・マカオ

ラスベガスで培った高級感を新ホテルに導入

独特なデザインの外観

ラスベガスにあるウィン・ラスベガスの創立者スティーブ・ウィンが手がけた大型カジノホテルのウィン・マカオ。マカオ半島の中心地という便利なロケーションにあり、ブロンズ色に輝くスタイリッシュで独特なデザインの外観がひときわ目を惹く。

ロビーには真っ赤なカーペットに真っ赤なシャンデリアがきらめきゴージャス感に溢れていた。そのロビー奥のガラス越しに向かい合った二頭のラクダのオブジェがライトアップされ、幻想的な雰囲気を醸し出していた。

ロビーを中心に両サイドに広がるショッピングアーケード「ウィン・エスプラナード」がある。約二十店舗が並んだ高級ブランド店はカジノホテルらしく深夜遅くまで営業している。そのショッピングアーケードを抜けたところにグランドデラックスルームへの入口がある。この入口はＶＩＰ専用。常時セキュリティーガードが来訪者をチェックしている。ルームキーを見せないと入れないので安心感もある。

5点とも：278平方メートルもあるスカイスイート。豪華な家具やバスルームが印象的

グランドデラックスルームの客室に入るとマカオの煌びやかなネオンがいきなり目に飛び込んできた。壁一面、床から天井まで窓ガラスになっている。五十六平方メー

トルの部屋は天井が高い造りなので広くてゆったりと感じる。余計な装飾品などがなく、すっきりと落ち着いたインテリアでまとめられている。

　ダブルシンクのバスルームには化粧用の椅子を配するなど女性にうれしいきめ細やかな配慮が感じられる。備えつけのバスローブが気持ち良い。バスローブはたいてい厚めのパイル地でごわつき感があり女性には重いだけで着心地が良くない。ウィン・マカオは高級エジプト綿を使用したオリジナルでごわつき感がなく適度な厚みでとても着心地が良かった。アメニティーは各種そろい、歯ブラシの枝がメタル製なのは珍しく高級感もある。

　二十室あるスカイスイートは二百七十八平方メートルもある。カラオケルームやスパルームもあり、二十四時間のバトラーサービスがついている。同じくガラス窓は床から天井まであり、リビングルームからマカオタワーが望める。

宿泊者を楽しませるパフォーマンス・レイク

　ウィン・マカオでのお楽しみはホテルのエントランス前にあるパフォーマンス・レイク。十一時から二十四時まで十五分ごとに色鮮やかな照明と音楽に合わせた噴水のパフォーマンスが行われる。これを目あてに観光客は皆カメラを持ってスタンバイ。昼間も行われているけれどネオン輝く夜景をバックにした方がより楽しめる。

上：茶系で統一されたグランドデラックスルーム
中：エレベーター前にも豪華さが漂う
下：赤いソファがアクセントの１ベッドルーム

珍しい赤いシャンデリアのあるロビー

ここにはもう一つユニークなものがある。それは「吉兆」の印である「繁栄の木（Tree of Prosperity）」のパフォーマンス。星座が彫りこまれた金色に輝くドームがあり、その天井部に十二支（動物）が彫刻されている。ショーが始まると音楽とともにドームが割れ金色に輝く繁栄の木が下からせりあがってくる。それと同時に上部からは一万三千個を超えるクリスタルのシャンデリアが降りてきてスペクタクルなショーを五分間楽しめる。

ダイニングも充実している。日本料理の「岡田」ではオリジナリティー溢れる日本食が味わえる。イタリアンの「イル・テアトロ」では南イタリア料理を中心にした旬な素材を使った季節料理がパフォーマンス・レイクを見ながら楽しめる。

メーンレストランは広東料理の「ウィング・レイ」。扇子をモチーフにしたデザインがお洒落で、赤を基調とした内装。北京や日本の有名ホテルにもいた香港人シェフが腕を振るう。香港在住のマダムに人気の飲茶が楽しめる。エビの蒸し餃子は小ぶりなので食べやすく、アーモンドをまぶして揚げた大ぶりエビのワサビソースがけがとてもおいしい。ローストポークは皮がカリッとしてオリジナルのXO醤が後を引く。

スパもありレベルはかなり高く至福の時が過ごせる。

カジノはもちろんラスベガス生まれのホテルだけあってエンターテインメント性に溢れている。それだけでなく高級感もある。大人だけでなくファミリーでも楽しめる。マカオフェリーターミナルからは十分もかからない。真っ赤な無料シャトルバスで送迎してくれる。

右上：南イタリア料理の「イル・テアトロ」
左上・右中・下２点とも：飲茶が人気の「ウィング・レイ」。オリジナリティー溢れる料理が並ぶ

上：マカオ名物でもある「パフォーマンス・レイク」のショー
右２点：「繁栄の木」のスペクタクルショーが楽しめる
左下：高級ブティックが並ぶ「ウィン・エスプラナード」

■ウィン マカオ／永利澳門酒店
Wynn Macau
客室数：600 室
住所：Rua Cidade de Sintra, NAPE ／外港填海區仙德麗街
TEL：28889966　FAX：28329966
E-mail：inquiries@wynnmacau.com
http://www.wynnmacau.com

ダイニングも充実したゴージャスホテル

MGM Grand Macau

MGMグランド・マカオ

陽光が差し込むアトリウム「グランドプラザ」

三十五階建ての波をイメージした金・銀・銅の三色のガラスを使った独特でインパクトのある外観がマカオでひときわ目立っている。大型カジノリゾートホテルだけにカジノだけでも二万平方メートル以上の敷地がある。

ＭＧＭの象徴である〝ゴールデンライオン〟がエントランスの脇でゲストを出迎える。明るくアート性溢れるロビー中央にダリの作品を飾り、ロビー左脇からつながるコリドーはアメリカ人デザイナーのガラスアートのギャラリーになっている。時間ごとに照明がレインボーカラーに変化し行き交う人を楽しませる。そのコリドーの先にはオーストリア人パティシエによるバラエティー豊かなケーキなどが並ぶペストリーショップがある。このエリアは隣接する複合施設とつながる。

ロビー中央奥に「グランドプラザ」と呼ばれるアトリウムがある。サンルーフの屋根から陽光が差し込み、開放感溢れる憩いのスペースを作っている。アズレージョを多用したポルトガル風の建物に囲まれ、床はセナド広

上：中央にダリの作品が飾られたアート感溢れるロビー
右下：３色に輝くインパクトのある外観

３点とも：色の変化が楽しめるガラスアートギャラリーのコリドー

上：本格的なフランス料理の「オー・ボザール」
中：フレンチエリアにあるシャンパンバー
下：たくさんのスイーツが並ぶペストリーショップ

場を模した波のような曲線タイル。その中央にはそれぞれの季節の装飾が展示される。

アトリウムを囲むようにダイニング施設がある。メーンダイニングのフランス料理「オー・ボザール」は本場ミシュランのスターシェフによる本格的なフレンチが味わえると評判が高い。アフタヌーンティーもあり気軽に楽しめる。

隣接したスペースにはフランス製の高級食器やカトラリーなどがあるショップ、サンルイ製のクリスタルガラスを使った幻想的な照明でゴージャスな雰囲気を出したシャンパンバー、キャビアレストランなどもある。

有名な日本のデザインチームにより設計されたオープンキッチンのインターナショナル料理「ロッジオ」はイタリア、ポルトガル、東南アジア、地中海の各料理と種類も豊富。中でも日本酒がたくさんそろっている。「ヴーヴクリコ」のシャンパンラウンジもありマカオで唯一と話題になった。このほかカジノエリアを含めると九店も

おしゃれな内装のキャビアバー

２点とも：スイートのベッドルームとバスルーム

のレストランがそろっている。

二ベッドグランドデラックススイートのチェックインはＶＩＰ専用ロビーで行う。豪華絢爛なロビーは経営者でもあるパンシー・ホーがデザインにも携わり、彼女がセレクトした様々な国のエッセンスを採り入れたデザインになっている。天井は高く翡翠で造られた壁にはタペストリーも飾られ、まるでどこかの美術館にいるような気分になる。

二百二十平方メートルもあるスイートの客室に入った。黒を基調としたシックなインテリアが落ち着いた雰囲気を出している。バスルームには大きすぎるほどのテレビがありアメニティーはイギリス製「モルトンブラウン」。ここは二十四時間対応のバトラーサービスがつく。

リラクゼーションも忘れてはならない。世界中のスパファンを魅了している「シックスセンシズ・スパ」がある。海水のフローティングプール、種類豊富なサウナがあり、リフレッシュはもちろん自慢のトリートメントでは至福の時を約束してくれる。

リバーサイドにあるインフィニティープールからの眺めも特筆すべきである。川に面しているので景色が素晴らしい。ラスベガスのＭＧＭグランドの知名度もあり欧米人や日本人に人気がある。

上：眺めの良いプール
下２点：豪華絢爛な VIP 専用ロビー。装飾の数々が美術館を思わせる

■ MGM グランド・マカオ／澳門美高梅金殿
MGM Grand Macau
客室数：600 室
住所：Avenida Dr. Sun Yat Sen, NAPE ／外港新填海區孫逸仙大馬路
TEL：88021888　FAX：88021333
E-mail：hotelreservations@mgmgrandmacau.com
http://www.mgmgrandmacau.com

Grand Lisboa

グランド・リスボア

リスボア・グループの新しいランドマーク

マカオ半島の中心地にそびえ、マカオに到着した人の誰もが最初に目にするユニークな形の巨大なビル。下層はバルーンのような球体になっていて上層部は木の枝が上に向かって伸びるように広がっている。今日のマカオを象徴するような外観である。夜にはレインボーカラーのネオンが変わるがわる変化し、眩しいほどの煌びやかさは圧巻である。

豪華さは外観だけではない。まずはロビーフロア。スパイラル状のシャンデリアがきらめいている。ここのレセプションが面白い造りになっている。カウンターではなくブースのように半円形状。そこで赤と白が印象的なユニフォームを着たレセプショニストが

上：マカオでひときわ目を引く独特な外観
右ページ上：半円形上のレセプションブースがユニーク
右ページ下：ロビーとつながっているカジノエリアのエントランス

3点とも：スタイリッシュな内装のフュージョン料理「ザ・キッチン」

対応してくれる。靴までカラーコーディネートされ何ともかわいらしい。

四十八平方メートルのスーペリアルームに入って驚いた。シャンデリアが部屋の隅から飛び出してくるようにテーブルの上で輝いていた。豪華絢爛である。姉妹ホテルと同様にミニバー、ペイムービー、市内通話、ブロードバンドのすべてが無料。内装にレザーを多用しているせいでやや革の匂いが気になる。これも豪華さの証とも言える。

デンマーク製の独創的なデザインでおなじみのバング&オルフセン社製の液晶テレビを搭載。それもバスルームの鏡の中にもセットされ、何とトイレの中にもテレビがある。サウンドシステムも同じくバング&オルフセンでこだわりを感じさせる。バスルームにはスチームバスがある。アメニティーはエルメス製。コーナースイートの客室内には本格的なフィンランドサウナまでついている。

ダイニングも豪華。二ツ星の南イタリア料理「ドン・アルフォンソ」では自然豊かな食材を使った絶品が味わえ、ランチのセットメニューはお手ごろな値段で堪能できる。二階にある「ザ・キッチン」はフュージョン料理のレストラン。斬新なデザインのスタイリッシュな内装。

2点とも：部屋の隅から飛び出した大胆なデザインの照明があるスーペリアルームの内装

ランチ時にはサラダバー、寿司バー、ステーキなどが気軽に楽しめる。カジノ内には粥と麺の専門店「粥麵荘」があってアクロバティックな茶芸も披露している。このほかに種類豊富な「ザ・グランビュッフェ」、中国料理の「ザ・エイト」などもあり、ダイニングは充実している。

マカオの新名所でもあるカジノの入口は、ホテルロビーと同じフロアでつながっている。カジノもエンターテインメント性溢れるゴージャスなのは言うまでもない。

■グランド・リスボア／新葡京酒店
Grand Lisboa
客室数：430室
住所：Avenida de Lisboa／葡京路
TEL：28283838　FAX：28882828
E-mail：reservation@grandlisboa.com
http://www.grandlisboa.com

Hotel Lisboa

ホテル・リスボア

マカオのランドマークとして君臨してきた

円形が特徴の外観

一九七一年にオープンした老舗カジノホテル。円筒形をした独特の外観は長らくマカオのランドマークとなってきた。二〇〇六年にリノベーションを終えた。イーストウイングとタワーウイングがあり、円形のイーストウイングのロビー中央にはアンティークの調度品が飾られ天井には大きなスワロフスキーのクリスタルシャンデリアが眩しいほどにきらめいている。

デラックスルームは茶系でまとめたシンプルな内装。全面に備えつけられた鏡に漢字の文字が描かれオリエンタルな雰囲気を演出している。バスルームは最新式の設備を搭載。星座をモチーフに描いたモザイクタイルが美しく、ミストサウナや、ジェットバス、レインシャワーなどがボタン一つで操作でき、ゆったりとした雰囲気でバスタイムが過ごせる。

うれしいことにブロードバンド、ミニバー、ペイムービー、市内電話の利用がすべて無料。ほかのホテルにはないリスボアならではの特権である。スイートはブルー

スワロフスキーが輝くイーストウイングのロビー

右上：デラックスルーム
右下・左：スイートの内装はブルーのファブリックで統一されている

のファブリックで統一され、リビングルームには大きな絵画が飾られ広々とした空間でゆったりとくつろげる。ベッドリネンはフェザーを使用し寝心地も快適である。

ダイニングには三ツ星フレンチでおなじみの「ロブションン・ア・ギャレラ」が二〇〇四年にオープンした。ブルーとゴールドを基調としたエレガントな雰囲気に囲まれながらエグゼクティブランチが手ごろな値段で楽しめると人気がある。モダンなインテリアのコーヒーショップのランチはアラカルトのみ。朝食とディナーでは種類豊富なビュッフェスタイルで楽しめ寿司バーもある。そのほか日本料理、広東料理の店もある。

ロビー階にあるペストリーブティックではパン、ケーキ、ホカホカの肉まんもある。同じ階にはショッピングアーケードもあり、隣接している新しいグランド・リスボアとは地下通路と渡り廊下でつながっている。マカオ半島の中心地にありどこへ行くのも便利である。

3点とも：高級感が漂う内装の3ッ星フランス料理「ロブション・ア・ギャレラ」

■ホテル・リスボア／葡京酒店
Hotel Lisboa
客室数：1,000室
住所：2-4 Avenida de Lisboa／葡京路2-4号
TEL：28883888　FAX：28883838
E-mail：reservation@hotelisboa.com
http://www.hotelisboa.com

Grand Emperor Hotel

グランド・エンペラー・ホテル

カジノホテルらしい「夢」を演出

噂には聞いていたけれど実際にエントランスとロビーを見てあらためて驚かされた。エントランスにはバッキンガム宮殿などで見かけるカラフルな服装の衛兵が立ち、ロビーの床には純金の金の延べ棒が埋め込まれている。その純金が防弾ガラス越しに見える。ある意味では「一攫千金」も夢

上：ど派手な外観
下：バッキンガム宮殿風の衛兵が入口に立つ

上：ホテルのロビー
下：ロビーの床には純金が埋め込まれている

ではないカジノホテルらしい演出であった。
開業は二〇〇六年。香港では傘下の芸能プロダクションが著名なエンペラー・グループが経営するホテルである。カジノを併設したホテルで客室数は約三百室。現在のマカオでは平均的な規模のホテルである。ロビーには中国・広東省各地の町とつなぐホテルバスの運行案内が並んでいた。そんなにたくさんの中国人観光客が泊まっているのかと思って確認すると、日帰りでカジノを楽しむために訪れる中国人客へのバスサービスも兼ねていた。宿泊客では香港からのお客が多く日本人も三〇％を占めている。

５点とも：最上階のエンペラースイート。とにかく広くて豪華である

レストランの「ロイヤルキッチン」

客室はスーペリア中心。エグゼクティブデラックスになると四十平方メートル前後となる。エグゼクティブデラックスにはゆったりとくつろげるキングサイズのベッドが置かれている。二十三階にあるエンペラースイートの巨大さには驚かされた。複数の客室に複数のリビング、バーカウンター、ビリヤード室、カラオケルームにマージャン室、ライブラリーまで完備。総面積は七百七十七平方メートルもある。ちなみに一泊の宿泊料金は約四万香港ドル。宿泊だけではなく企業のパーティーなどにも使われることがある。

レストランは中国料理、ヨーロッパ料理、日本料理の三つ。シーフードが充実している中国料理店では飲茶もある。

■グランドエンペラーホテル／英皇娯楽酒店
Grand Emperor Hotel
客室数：300 室
住所：288 Avenida Comercial de Macau／澳門商業大馬路 288 号
TEL：28889988　FAX：28889933
E-mail：sales@grandemperor.com
http://www.grandemperor.com

Hotel Sintra

ホテル・シントラ

リノベーションが終わった老舗

マカオ半島の中心地にあり周辺には飲食店やショップなどが並んでいる。世界遺産になった観光名所にも歩いて五分から十分くらいで行ける大変便利な立地にある。一九七四年のオープンと歴史は古い。しかしリノベーションを終え古さはあまり感じられない。

右：ヨーロピアンな雰囲気のロビー
左上：人気の飲茶が味わえるレストラン
左下：改装され落ち着いた内装のデラックスルーム

こぢんまりとしたロビーは白と黒の市松模様風の床がヨーロピアンな雰囲気を演出している。デラックスルームは茶系のファブリックを使用しシンプルで落ち着いている。バスルームが広く採られ固定式でないハンドシャワーなので使いやすい。

マカオ料理も味わえる二十四時間営業のインターナショナル料理のレストランと飲茶が人気の中国料理の二つがある。どちらもビュッフェが楽しめ、近所の会社員たちがランチによく利用している。もちろんマカオフェリーターミナルまで無料シャトルバスが出ている。東南アジアからの観光客が多く値段がリーズナブルだけに、個人客の利用が多い。

■ホテル・シントラ／新麗華酒店
Hotel Sintra
客室数：240 室
住所：Avenida D. Joao IV ／約翰四世大馬路
TEL：28710111　FAX：28510527
E-mail：rsvn@hotelsintra.com
http://www.hotelsintra.com

Metropole Hotel

メトロポール・ホテル

中国、香港、マレーシアの観光客が多い

目抜き通りのアルメイダ・リベイロ通りにも近くセナド広場まで徒歩数分。周辺はショッピング街や飲食店も数多くあり便利な立地にある。開業は一九八〇年と古い。二〇〇六年にリニューアルした。中国、香港、マレーシアからの観光客が多い。七階から九階まではバスタブつき。それ以外はシャワーのみとなる。

客室はシンプルですっきりとしている。デラックススイートはデュプレックススタイルになっていて、一階にリビング、二階にベッドとバスルームがある。レストランは中国料理の「メトロポールレストラン」があり宴会場やミーティングにも使用できる。

グループホテルを巡

右上：こぢんまりとしたロビー
右下：スタンダードツイン
左２点とも：デュプレックススタイルのデラックススイート

回する無料シャトルバスがあり、巡回バスを移動手段にも使えて便利。ホテルの向かいにはマカオ料理の有名店「ソルマー」があり、店の前がシャトルのバス停になっているので分かりやすい。

■メトロポール・ホテル／京都酒店
Metropole Hotel
客室数：112 室
住所：493-501 Avenida da Praia Grande／南灣大馬路 493-501 号
TEL：28388166　FAX：28330890
E-mail：mhhotel@macau.ctm.net
http://www.mctshmi.com/metropole/english

Hotel Beverly Plaza

ホテル・ビバリー・プラザ

リニューアルでモダンに変身

明るい印象のロビー

マカオ半島の中心地にあるロドリゴ・ロドリゲス博士大通り（羅理基博士大馬路）に面した一九八九年に開業のホテル。二〇〇六年に全室リニューアルして新しくモダンな内容に生まれ変わった。高層の十二階から十六階までがエグゼクティブフロアになっている。

その中のデラックスエグゼクティブルームには湾曲したライティングデスクがありビジネスパーソンには使いやすい造り。グレーのソファにはオレンジ色のクッションが置かれ、これがアクセントになっていた。バスルームにはデザインに凝った流行のシンクが使われ清潔感に溢れている。デラックスエグゼクティブスイートは黒を基調としたモダンな内装。バスルームは全面ガラス張り。独立したシャワーブースにジェットバスが楽しめる最新式のバスタブがありリラックスできる。

ダイニングはシーフードメーンの広東料理「富豪海鮮酒家」。地元の人からも人気がある。経験豊かなシェフによる飲茶も味わえる。

左上：デラックスエグゼクティブスイート
左中：デラックスエグゼクティブルーム
左下：海鮮料理が自慢の広東料理レストラン

マカオフェリーターミナルから車で約十分足らず。二ブロック先には有名なカジノのリスボアもあり、便利な立地にある。

■ホテル・ビバリー・プラザ／冨豪酒店
Hotel Bevery Plaza
客室数：300 室
住所：70-106 Avenida do Dr. Rodrigo Rodrigues ／羅理基博士大馬路 70-106 号
TEL：28782288　FAX：28780704
E-mail：beverly@macau.ctm.net
http://www.beverlyplaza.com

Emperor Hotel

エンペラー・ホテル

上海街に面した便利なホテル

モダンな雰囲気のロビー

マカオ半島の中心地の上海街に面している。上海街には飲食店が並び、周辺にはカジノ、ショップ、コンビニエンスストアがある。開業は一九九二年。リノベーションが進みあと数階分を残すだけになっていた。幾何学的模様の床、黒い柱、ガラスを多用したロビーはモダンな雰囲気。天井にはシャンデリアが光り輝いている。

十八階から二十一階がエグゼクティブフロア。五十二平方メートルあるエグゼクティブスイートは広々としていてベージュを基調とした温かみが感じられる造りになっている。低反発枕を使ったベッドは眠りやすいと評判。気に入れば購入もできる。

眺めの良いエグゼクティブラウンジではスナックやドリンクなどが楽しめる。ここでは落ち着いた雰囲気の中でゆったりとくつろぎたい。一階には広東料理の「エンペラーコート」があり広々とした中で新鮮な素材を使った広東料理が味わえる。このほかサウナ施設も完備している。

右上：広東料理の「エンペラーコート」
左上：ホテルの外観
右下：落ち着いたエグゼクティブラウンジ
左下：エグゼクティブダブルルーム

マカオフェリーターミナルから十分もかからない。シャトルバスサービスもある。

■エンペラー・ホテル／帝濠酒店
Emperor Hotel
客室数：390 室
住所：51 Rua de Xangai ／上海街 51 号
TEL：28781888　FAX：28782287
E-mail：info@emperorhotel.com.mo
http://www.emperorhotel.com.mo

The Landmark Macau

ザ・ランドマーク・マカオ

スタンダードでも広い高級カジノホテル

様々な色に変化するスワロフスキーのシャンデリア

二〇〇三年十一月にオープンした、マカオ半島の中心地にある二十二階建ての高級カジノホテル。ロビーにはスワロフスキーのクリスタルを贅沢にも二千五百個使用した豪華なシャンデリアがきらめいている。そのシャンデリアは時間ごとに様々な色に変化しゲストを楽しませていた。

客室はイーストとウエストに分かれている。スタンダードの客室でも四十二平方メートルもありゆったりとしている。温かみのある淡いベージュを基調とした内装が安らぎを与える。ジャグジーつきのバスルームは黒大理石で豪華な印象。スケルトンの体重計もありもちろんシャワーは独立型。ベッドは寝心地が良く快適な睡眠を約束してくれる。全室にブロードバンドインターネットを配すなど最新設備も整えている。

十九階から二十二階まではノーブルクラブフロアになっている。ノーブルクラブの宿泊者は専用のラウンジで朝食やスナック、カクテルなども利用でき、エクスプ

上：茶系で落ち着いたノーブルクラブラウンジ
下：快適な寝心地のスタンダードルームのベッド

広々とした黒大理石のバスルーム

レスチェックインも可能なのでビジネスマンには便利である。

ダイニングは中国料理が三店もあり充実している。中でも上海料理の「ロイヤルオーキッド」に人気がある。日本料理の「川戸」では鉄板焼などが味わえる。ロビー吹き抜けの二階にある「カフェ・ベランダ」ではインターナショナル料理中心の食事が味わえる。ここの朝食はビュッフェ、ランチにはセットメニューがある。マカオ料理などもある。このほかレクリエーション施設も充実している。プール、サウナ、フィットネスはもちろんバーチャルゴルフが体験できるシミュレーターもある。

ここのカジノはユニーク。「ファラオズ・パレス」という名のカジノの入口は巨大なツタンカーメンになっている。マカオフェリーターミナルから徒歩で約十分、国際空港からは車で約十五分とアクセスにも便利な場所にある。

■ランドマーク・ホテル／澳門置地廣場酒店
The Landmark Macau
客室数：451 室
住所：555 Avenida da Amizade／新口岸友誼大馬路 555 号
TEL：28781781　FAX：28786611
E-mail：info@landmarkhotel.com.mo
http://www.landmarkhotel.com.mo

上・左中２点とも：広島カキの鉄板焼などが味わえる日本料理の「川戸」
右下・左下２点とも：甘く味つけされた中国ハムが人気の上海料理「ロイヤルオーキッド」

Holiday Inn Macau

ホリディ・イン・マカオ

開放的な造りでゆったり感を演出

吹き抜けで明るいロビー

「ホリディ・イン」ブランドのホテルで北京街に面してある。周辺には深夜まで営業しているローカルなスーパー、コンビニエンスストア、飲食店がたくさんある。ロビーは二階までが吹き抜けになっていて豪華なシャンデリアがあり、その二階にはビジネスセンターがある。

エグゼクティブルームはベージュの淡いトーンでまとめられ、バスルームの三面鏡を閉じるとベッドサイドが見える造りになっている。シンクは流行のガラスでできたスケルトンタイプ。ズボンプレッサーも設置されている。

プレミアルームはモダンな色調でまとめられたインテリアが印象的。赤いベッドクロスとクッションがアクセントになっている。バスルームのブラインドを開ければベッドサイドが見え、開放的で明るいためか二十八平方メートルなのに部屋が広く感じられる。ビジネスパーソンに最適な、横に長いデスクと座り心地の良い高級ビジネスチェアが完備している。窓際の壁に接したソファが

右下：日替わり料理が味わえる「フラスカティ・カフェ」
左上：すっきりとしたエグゼクティブルーム
左下：使い勝手のよいプレミアムルーム

くつろぎやすい。

ホテル内にはカジノもあり本格的なスパもある。宿泊者は時間により三〇から五〇％の割引価格でスパのトリートメントが受けられる。施術後そのまま部屋に帰れるのはホテル内スパならでは。観光で疲れきった体を癒やせる。

レストランはインターナショナル料理と現在改装中の中国料理がある。インターナショナル料理の「フラスカティ・カフェ」では日替わりでポルトガル料理とマカオ料理がビュッフェで味わえる。ホテルとマカオフェリーターミナル間は三十分間隔でシャトルバスが運行している。

■ホリデイ・イン マカオ／澳門假日酒店
Holiday Inn Macau
客室数：323 室
住所：82-86 Rua de Pequim ／北京街 82-86 号
TEL：28783333　FAX：28782321
E-mail：himacau@macau.ctm.net
http://www.macau.holiday-inn.com
◇日本での予約・問い合わせ先
インターコンチネンタル ホテルズ グループ 東京予約センター
TEL：0120-455655（フリーダイヤル）

Star World Hotel

スターワールド・ホテル

ユニークなデザインで客を魅了する

デザイン性溢れるユニークな外観

マカオ半島の中心地にそびえ立つ、香港の有名建築家ロッコ・イムがデザインした独特な形の近代的な高層カジノホテル。二〇〇六年十月に開業した。ロビーは広く、その天井からはお洒落なデザインのシャンデリアがきらめいている。

高層の三十階から三十七階までがエグゼクティブフロア。廊下が通常より幅広く照明が夜のように暗い。〝スターワールド〟という名前らしく小さなスポットライトが星のようにキラキラと輝いていて銀河をイメージさせる。

三十五平方メートルのエグゼクティブルームは天井が高くモダンでシックなデザインの内装でまとめている。ガラス張りのバスルームには体にあたる面積が広いシャワーヘッドがあるなど機能性豊かな設備がそろっている。アメニティーは珍しくドイツ製の皮革ブランド「アイグナー」を使用。大きな鏡がテレビモニターのようになっているのが面白い。

プレミアムスイートは七十二平方メートルもあり高層からの景色も素晴らしい。プレミアム以上のアメニティーは「ブルガリ」を使っている。シャワーカーテンがオートで調整でき、トイレの便器が円形だったりと、ほかではあまり目にしないユニークなデザインが目に留まる。四十二インチの液晶テレビ、独立型のエアコンシステム、ブロードバンドインターネットなど設備も最新式で申し

右上：ビジネスセンター
右下：エグゼクティブルーム
左２点とも：カラフルなファブリックがアクセントのプレミアムスイート

分ない。

ダイニングも種類豊富にそろっている。上海料理、広東料理、日本料理がある。インターナショナル料理の「テンプテーション」では朝食、ランチ、ディナーとビュッフェスタイルで楽しめる。デザートなどがそろうペストリーショップもある。

カジノのほかにエンターテインメントにも力を入れている。ライブパフォーマンスが毎日ロビーやステージで繰り広げられている。そのほかビジネスセンター、プール、フィットネスセンターもある。

日本からは団体ツアーでよく利用することもあり日本人スタッフもいて、何かと安心できる。マカオフェリーターミナルからは車で約五分。イメージキャラクターになっている香港スターのトニー・レオンが写っている、黄色のシャトルバスが送迎してくれる。

■スターワールド・ホテル／星際酒店
StarWorld Hotel
客室数：500 室
住所：Avenida da Amizade／友誼大馬路
TEL：28383838　FAX：28383888
E-mail：enquiries@starworldmacau.com
http://www.starworldmacau.com

リゾート気分を満喫できる高級ホテル

Grand Lapa Hotel

グランド ラパ ホテル
(旧マンダリン オリエンタル マカオ)

一九八四年にマカオ半島にオープンした老舗ホテル。二〇〇九年八月にマンダリン オリエンタル マカオからグランド ラパ ホテルに名称変更した。運営は引き続きマンダリン オリエンタルグループが行う。ロの字型になった吹き抜けのロビー正面にはクラシック調の階段がある。照明を抑えたやんわりと輝くシャンデリア、さりげなく置かれた調度品が格調高い雰囲気を醸し出している。

スパパッケージなどによく使われるデラックスルームのリゾートビューは三十二平方メートルあり茶系で落ち着いた内装。二ベッドスイートのシティービューは百十一平方メートルあり広々とした造り。日本人の個人旅行客には日本の新聞、日本茶、浴衣を用意するなど日本語案内もあり、マンダリン オリエンタルらしいホスピタリティーを感じる。ベッドリネンなどにポルトガル製の

上・右下２点とも：調度品などが置かれ格調高い雰囲気が漂うロビー
左下：明るいトーンでまとめられたデラックスルーム

2点とも：ポルトガル風のファブリックが印象的な2ベッドスイートの客室

ファブリックを使い、チーク材の家具が相まって趣のある内装に仕上げている。マカオグランプリの開催時にはこのシティービューから真下を走るレース観戦ができるのでファンにはお薦めである。

客室棟とは別に、隣接した一万五千平方メートルに及ぶ広大な敷地が「リゾートセンター」と呼ばれている。ここには多くのファンを持つ評判の高いスパ、南国ムード溢れるプール、ウオータースライダー、フィットネスジム、エクササイズスタジオ、スカッシュコートなどがある。アクティビティーが豊富で大人も子供も楽しめるリゾートエリアになっている。スパ・ブティックにはオリジナル商品があり、お茶などが手ごろな価格で購入できる。

プールサイドに位置するオーセンティックなタイ料理レストラン「ナーン」はタイ人シェフとオリエンタル・バンコクでトレーニングしたスタッフによる本格的なタイ料理。中央に池を配したスタイリッシュな空間で味わえる。忘れてならないのが客室棟の二階にある有名なコロニアル様式の「カフェ・ベラ・ヴィスタ」。入口にはポルトガルタイルを使用。テラスには白い籐の椅子とシーリングファンがあり、開放的な雰囲気の中でマカオ料理、ポルトガル料理、デザートなどが堪能できる。こ

右：有名店の「カフェ・ベラ・ヴィスタ」
左上：アフタヌーンティーが楽しめるラウンジバーの「ヴァスコ」
左中・左下：スタイリッシュな内装のタイレストラン「ナーン」

のほかオープンキッチンのイタリア料理「メザルナ」、広東料理「トン・イー・ヒン」では飲茶も味わえる。

建設中のマンダリンがシティー派を対象としているのに対し、こちらはリゾートを目的とした客層にターゲットを絞っていく。マカオフェリーターミナルからも至近距離にありアミューズメントパークの「マカオ・フィッシャーマンズ・ワーフ」も目の前にある。今後が期待されるホテルである。

■グランド ラパ ホテル／金麗華大酒店
The Grand Lapa Hotel
客室数：435室
住所：956-1110 Avenida da Amizade／友誼大馬路956-1110号
TEL：87933261　FAX：28515303
E-mail：glmfm@mohg.com
http://www.mandarinoriental.com/macau
◇日本の予約・問い合せ先
マンダリン オリエンタル ホテル グループ
TEL：0120-663230（フリーダイヤル）

Rocks Hotel

ロックス・ホテル

女性に人気のヨーロピアンテースト

マカオフェリーターミナルのすぐ横に位置するアミューズメントパーク「マカオ・フィッシャーマンズ・ワーフ」内に二〇〇六年十二月にオープンした。岬に立つ白亜の豪邸を思わせる五階建てのこぢんまりとした瀟洒な外観。十八世紀のヴィクトリア時代をコンセプトにしているだけにロビーへ一歩足を踏み入れるとそこはヨーロッパの世界が広がっていた。

　吹き抜けになったロビーアトリウムには高額なペルシャ絨毯などの調度品が配さている。きらめくシャンデリアと螺旋階段があり優雅な雰囲気を醸し出している。

上：白亜の外観が特徴
下・左ページ上：調度品などがあるヨーロピアンな雰囲気のロビー

　プレミアスイートの客室はブルーを基調としたファブリックがエ

趣のある螺旋階段

レガント。すべてをヨーロピアンテーストでまとめている。バスルームには猫足のバスタブがあり、ここでくつろいでいるとマカオにいることを忘れてしまいそうになる。上海の雑誌で「ゴールデンピロー」に選ばれた寝心地の良いベッドもある。すべての部屋がバルコニーつき。夕暮れ時にはライトアップされた橋が見え、ロマンチックな気分にさせてくれる。ツアーで利用するデラックスの客室も猫足のバスタブにバルコニーつき。温かみのある女性好みのインテリアでまとめられている。

ロビー脇にはレストラン「ヴィックズ・カフェ」があ

上：ロビー脇にあるレストラン「ヴィックズ・カフェ」
下：バルコニーからの眺めも良い

3点とも：エレガントな内装のプレミアスイート。猫足のバスタブが印象的

り内装もヨーロッパ風。ビュッフェとアラカルトが楽しめる。五階のルーフトップには「スカイ・ラウンジ」もある。このほかビジネスセンター、フィットネスセンターも完備している。

マカオフェリーターミナルからは徒歩で約十分。国際空港からは車で約十五分。マカオにいながらヨーロッパのプチホテルの気分を味わえる女性にお薦めのホテルである。

■ロックス・ホテル／萊斯酒店
Rocks Hotel
客室数：72 室
住 所：Macau Fisherman's Wharf ／澳門漁人碼頭
TEL：28782782　FAX：28728800
E-mail：info@rockshotel.com.mo
http://www.rockshotel.com.mo

Pousada de Mong-Há

ポウサダ・デ・モンハ

ポルトガル軍の宿舎を改造

ホテルの外観。白壁がまぶしい

マカオ半島の「七つの丘」の一つであるモンハの丘の入口にある。新しくできたポウサダなので新しく造られた建物かと思って訪れ、そのクラシックな佇まいにビックリした。それもそのはず、ここはマカオが中国に返還される直前まではポルトガル将兵の宿舎であった。客室に向かう廊下の途中には、周囲の壁に「アズレージョ」と呼ばれるポルトガル式タイルが飾り込んだ中庭があり噴水があるのはいかにも南ヨーロッパ風。

受付に十人近くの若者が待機していて笑顔で迎える。何かぎこちなさが感じられるけれどその分だけ初々しくて親しみやすい。スタッフはすべて学生であった。ホテルのほかのスタッフもそのほとんどが学生。マカオの観光関連のスタッフを育成する、マカオ政庁傘下の学校である旅遊学院が生徒の研修も兼ねて運営している宿泊施設であった。

客室は二十室とこぢんまりしている。四つのスイートは客間とリビングに分かれ、それ以外はシングルとツイ

ン。「ボンサイの間」と書かれたスイートの一つに入った。客室入口に「アズレージョ」があるなどポルトガル情緒たっぷり。一方で客室の陶器や衝立などは一転して中国風のものが置かれている。

朝食は受付脇の食堂でとる。これがまた広い。二十室のホテルとは思えない広さであった。ホテルの近くに同じ旅遊学院が運営するレストラン（P59参照）がある。

右上：レセプションはすべて学生
右下：朝食時に使うレストラン
左上：スイートルーム
左中：スタンダードルーム
左下：中庭もポルトガル情緒が溢れる

■ポウサダ・デ・モンハ／望廈賓館
Pousada de Mong-Há
客室数：20室
住所：Colina de Mong-Há／望廈山
TEL：28515222　FAX：28556925
E-mail：iftpmh@ift.edu.mo
http://www.ift.edu.mo/pousada

Sofitel Macau at Ponte 16

ソフィテル・マカオ・アット・ポンテ16

昔のフェリー乗り場を再開発して誕生

下・左ページ右2点とも：豪華な雰囲気のロビー。ゆったりとしたソファもエレガント

マカオ半島中心地の目抜き通りのアルメイダ・リベイロを港に向かって進むと目の前に大きな建物が現れる。それがソフィテル・マカオ・アット・ポンテ16。この地はかつて「十六浦（ポンテ16）」と呼ばれ、香港からのフェ

ロビー階にあるラウンジ「ランデヴー」

リーが往来し交易の場として栄えていた港であった。ポンテ十六を再び活気づけるためにこの地をあえて再開発した。一階から四階まではカジノになっている。
ロビーにはセナド広場を思わせる曲線を描いた床が一面に広がっている。煌く照明にも高級感が漂う。ジャグジーつきのクラブスイートの客室は八十平方メートルと広くリビングルーム部分は落ち着いた雰囲気でリラックスできる。
「マイベッド」と呼ばれるベッドはソフィテル・スタンダード。マットレスは二層。羽毛を使い、軽くて暖かい点が特徴。すべての部屋にブロードバンドはもちろんDVDプレーヤー、独立制御可能のエアコンなどがあり、アメニティーはフランス製のロクシタン。内装もシックで優雅さが漂う。リバービューとシティービューがあって、いずれも客室からの眺望が素晴らしい。世界遺産であるモンテの砦も見え、マカオの歴史的な街並みが見渡せる。
ダイニングの「ミストラル」はフレンチテーストで地中海スタイルのビュッフェ式（ランチのみアラカルト）が楽しめるレストラン。スイス人のパティシエが腕をふるうスイーツを中心にしたビュッフェもある。プールサイドに位置しているのでテラスでの食事も可能。レスト

ラン越しに見えるプールの眺めはまるで地中海リゾートにいる気分にさせてくれる。そのプールからは対岸の中国・珠海の景色が望める。
マカオでは珍しいフランスをテーマにしたワインバーもある。フランス系のホテルチェーンだけあって、ホテル内の装飾などところどころにフランスのエスプリを感じさせる。
建設中のスパは近い将来オープンする。ショッピングセンター、映画館などが入るプロムナードも隣接する予定。チェックインの際に日本語の話せるフロントスタッフが対応してくれるのも心強い。セントポール天主堂までも徒歩約十分。世界遺産のウオーキングマップがもらえる。
マカオフェリーターミナルからは車で約十分、国際空港からは車で約二十分。今後がさらに開発されていくエリアにあるだけに、楽しみなホテルである。

上・下２点とも：地中海スタイルのレストラン「ミストラル」

上：リゾート風のプール
下３点とも：ジャグジーつきのクラブスイート。シックなインテリアでまとめている

■ソフィテルマカオアットポンテ 16／澳門十六浦索菲特大酒店
Sofitel Macau at Ponte 16
客室数：408 室
住所：Rua do Visconde Paco de Arcos ／巴素打爾古街
TEL：88610016　FAX：88610018
E-mail：mail@sofitelmacau.com
http://www.sofitel.com
◇日本での予約・問い合わせ先
アコー予約サービス
TEL：00531-616353（トールフリー）

Pousada de São Tiago

ポウサダ・デ・サンチャゴ

リノベーションでオールスイートに変身

アズレージョのホテルサインがポルトガルを思わせる

マカオ半島の先端に位置する。一六二九年に築かれた要塞を改築し八〇年代後半にオープンしたホテル。二〇〇七年の夏にリニューアルし思い切ったイメージチェンジをした。それでもところどころに歴史的建造物らしい雰囲気を残していてマカオがポルトガル領だった時代をほうふつとさせる。

アズレージョのホテルサインが飾られたエントランス前には古い大砲が置いてあり趣がある。レセプションへのアプローチはひんやりとした石造りの階段を上っていく。ほの暗くライトアップされた幻想的な雰囲気が漂いまるで中世にタイムスリップしたような気分にさせる。

階段上にはスペイン料理の「ラ・パロマ」がある。シックな色でまとめゴージャス感もある店内では本場スペイン人シェフが腕をふるう極上の

上：緑の中にある涼しげなテラス
中・左２点とも：チャペルには聖ヤコブを祀っている
下：レセプションへとつながる幻想的な階段

上：評判高いスペイン料理の「ラ・パロマ」
中：陽光が差し込むバーラウンジ

料理が味わえる。隣接しているバーラウンジではテラスからの外光があたりクリスタルシェードがよりきらめいていた。ここから数段上るとこぢんまりとしたレセプションがある。客室はさらに上の階になる。古い要塞を利用しているだけにエレベーターを使わずあえて石造りの階段を残している。

リノベーションを機に客室はすべてスイートになった。その分だけ部屋数も少ない。部屋に入ると革を多用したレザーフロアには驚いた。それだけに重厚感がある。リビングスペースにはアンティークの電話や地球儀などが置かれ、その一方でテレビなどのＡＶ機器は最新システムを搭載した、デザイン性のある「バング&オルフセン」でそろえている。

バスルームもモダンな造り。モザイクタイルを壁にあしらったバスタブ、レインシャワー、スチームサウナもある。ベッドリネンはポルトガル製のファブリックを使用している。ほとんどの客室がハーバービューでバルコニーがついている。ここから素晴らしい景色が堪能できる。ミニバー、ペイムービー、ブロードバンド、市内通話はすべて無料で宿泊者にとってはありがたい。

緑豊かな敷地内には樹齢二百年から四百年を越す木もあり、白い壁のポルトガル建築などを眺めながらのんび

3点とも：アンティークなどが置かれたレザーフロアの客室

■ポウサダ・デ・サンチャゴ／聖地牙哥古堡酒店
Pousada de São Tiago
客室数：12室
住所：Avenida da Republica, Fortaleza de São Tiago da Barra／西灣民國大馬路
TEL：28378111　FAX：28552170
E-mail：reservation@saotiago.com.mo / saotiago@relaischateaux.com
http://www.saotiago.com.mo
◇日本の予約・問い合せ先
ルレ・エ・シャトー
TEL：03-3475-6876

りと散策しているとまるでヨーロッパにいるのかと錯覚してしまう。テラスには古い貯水池を利用した小さな噴水もある。ポルトガル人の守護聖人である聖ヤコブ（セント・ジェームズ）を祀るかわいらしい小さなチャペルがある。ここで結婚式を挙げるカップルも多い。

マカオ半島中心地からは車で約十分。マカオフェリーターミナルとホテル間の送迎はホテル代金に含まれている。中心地からは離れているので周辺はとても静かでネオンも見えない。静かにゆっくりとくつろぎたい人にお薦めのホテルである。

高級住宅地にある閑静なホテル

Riviera Hotel

リヴィエラ・ホテル

無料のシャトルバスを利用できるので便利

ペンニャの丘にひっそりと佇む。西湾湖、タイパ島へ通じるタイパ橋、そしてマカオタワーが見下ろせる、眺望自慢のホテルである。広いロビーは一部が吹き抜けになっていて日中は明るい陽の光が差し込んでくる。そのロビーの左奥に朝食とランチがビュッフェで楽しめるインターナショナル料理の「アミーゴ」、広東、四川、北京、湖南と様々な料理が味わえることで人気の中国料理店「麗景軒」がある。ビジネス客も多く静かに過ごしたい欧米人旅行者が多い。眺望が良いので日本人ツアー客はランチのみの利用で訪れる。

二〇〇七年にリノベーションしたハーバービュースイートは広々としたヨーロピアンスタイル。落ち着いた色調の内装でまとめている。バルコニーがあって、そこからすぐ目の前にそびえるマカオタワーが見える。素晴らしい夜景も望める。スタンダードツインのバスルームはダブルシンクで使い勝手が良い。ガーデンサイドの部屋からはすぐ裏にあるペンニャ教会も見える。大きな会議やセミナーなどビジネスミーティングにも使える設備もそろっている。二百人を収容できる大宴会場もある。このほかにスイミングプールもあり、近い将来はスパもオープンする。

周辺はマカオを代表する高級住宅地。観光の中心地からはやや離れている分だけ静かである。カジノのネオンをあえて避けゆったりと静かなホテルライフを過ごしたい人に向いている。グループホテルとつなぐ無料シャトルバスがあるので、それを利用すればマカオフェリーターミナルへはもちろん、中心地へのアクセスにも便利である。

上：陽光が差し込むロビー
中：ビュッフェが楽しめるレストラン「アミーゴ」
下：シンプルなスタンダードツイン

■リヴィエラ・ホテル／濠璟酒店
Riviera Hotel
客室数：163 室
住 所：Rua do Comendador Kou Ho Neng／高可寧紳士街
TEL：28339955　FAX：28317826
E-mail：rivierarsvn@macau.ctm.net
http://www.rivierahotel.com.mo

Altira Macau

アルティラ
（旧クラウン・マカオ）

すべての面で洗練された豪華ホテル

上・左ページ上２点とも：38 階にあるレセプション。ロビーラウンジからは展望台のような景色が眺められる

タイパ島へ向かう車中から近代的なデザインの高層ビルがマカオ半島を眺めるように立つ姿が見える。その高層ビルがマカオで初めての六ツ星ホテルといわれるアルティラである。二〇〇七年にオープンした。そのロビーは三十八階にある。四方がガラス張りになったロビーからはまるで展望台のような素晴らしい景色が広がっていた。

世界でも名の知れたインテリアデザイナーのピーター・レメディオスがデザインした客室はすべてハーバービュー。コンテンポラリーなデザインでまとめられたデラックスハーバービューは六十平方メートルあり、窓側がリビングスペースになっている。床から天井まである広がる窓から、マカオ半島の全景が見渡せる。ウオークインクローゼットも広くてスーツケースなど大型の荷物を置けるので便利。

バスルームはガラス張りになっていて、円形のユニークな型をしたバスタブやレインシャワーもついている。

すっきりとしたエレベーター前

ベッドサイドと廊下側と両方からのアクセスができ、ダブルシンクで広々とした贅沢な造りになっている。

ダイニングも充実している。本格的かつモダンテーストの広東料理「帝影楼／Ｙｉｎｇ」ではモダンなインテリアの中で飲茶が味わえる。ロビー階の「クリスタルクラブ」では朝食が楽しめる。天井がかなり高いので開放感がある。インテリアに竹を使ってオリエンタルなテーストを出しながら、より洗練されたスタイリッシュな空間を演出している。オープンエアのテラス席もあり、そこでの食事も可能。このほかブラッセリー、てんぷら、鉄板焼きなどもある。

十六階には本格的なスパがある。ヘアサロン、フィットネス、プールなどもそろっている種類豊富なトリートメントが至福の時間を約束してくれる。

カジノももちろんある。カジノの内装もほかとは違ってシックで茶系のカーペットが落ち着いていたのが印象に残った。ゴージャスだが洗練されたセンスの良いホテルである。

上２点とも：天井が高くスタイリッシュな「38 ラウンジ」。シャンパンも楽しめる
下：広々としたデラックスハーバービュー

2点とも：デザイン性のあるインテリアの広東料理「帝影楼 /Ying」

■アルティラ／新濠鋒
Altira Macau
客室数：216 室
住所：Avenida de Kwong Tung, Taipa ／氹仔廣東大馬路
TEL：28868888　FAX：28868666
E-mail：enquiries@altiramacau.com
http://www.altiramacau.com

Rio Hotel & Casino

リオ・ホテル&カジノ

何賢公園に面した静かな場所にある

二〇〇六年二月にオープンした二十四階建てのカジノホテル。マカオ半島の中心地にあり何賢公園に面している静かな立地にある。ロビーは豪華だが落ち着いたクラシックな雰囲気が漂っている。カジノ内にある天井画が美しい豪華な大階段、バーの内装などで象徴されるようにイタリア・ルネサンス時代の宮殿を意識した造りになっている。

約七十八平方メートルあるデラックススイートはゆったりとして、角部屋のベッドルームから景色が見えるようにベッドを配している。デラックスルームも淡いベージュが基調の内装でかなりゆったりとしていて気持ちが良い。バスルームはシャワーが独立。アメニティーもそろっている。

下層階はカジノになっている

コーヒーショップのほかアワビレストラン、評判の日本料理店「飯田」も入っている。このほか屋上からの景色を眺めながら楽しめるフィットネスジムやプール、ビジネスセンター、三フロアからなる豪華なカジノもある。

全体の八割が中国からの宿泊者。残りは香港、台湾、東南アジア、日本からが多い。日本からは主に

上：クラシックな雰囲気のロビー
右中：アワビ料理レストラン
左中：コーヒーショップ
下：丸いガラスがアクセントのデラックススイート

団体ツアー客に良く利用されている。マカオフェリーターミナルから徒歩で約十分の距離にあり、国際空港へは車で約十五分。シャトルバスサービスもある。

■リオ・ホテル＆カジノ／利澳酒店
Rio Hotel & Casino
客室数：449 室
住所：Rua Luis Gonzaga Gomes ／新口岸高美士街
TEL：28718718　FAX：28718728
E-mail：info@riomacau.com
http://www.riomacau.com

Grandview Hotel Macau

グランドビュー・ホテル・マカオ

部屋から競馬場が眺められる

広々としたロビー

タイパ島に一九九七年にオープンした十八階建てのホテル。広々とした明るいロビーの奥にカジノへの入口がある。中国大陸からホテルまで直通のエクスプレスコーチがあるので中国人団体客が多い。ホテルはマカオ・ジョッキークラブの裏にある。そのため部屋から競馬場がよく見え居ながらにしてレース観戦もできる。

客室は南と北の二つに分かれている。二〇〇六年にリニューアルされ客室は白を基調とした明るい雰囲気に生まれ変わった。ジュニアスイートはモスグリーンのストライプ柄のソファセットがアクセントになっている。リビングルームはかなり広くゆったりとしている。仲間を部屋に呼んで皆でレース観戦もできる。

エグゼクティブフロアの客室はベッドボードが独特のデザインになっている。マホガニー色にゴールドの装飾が施されヨーロピアンな雰囲気が印象的。エグゼクティブフロアに行くためにはエレベーター内でルームキーが必要となる。

右：競馬場の隣に立地している
左上：インターナショナル料理の「バレンシア」
左下：ヨーロピアンな雰囲気のエグゼクティブルーム

ダイニングはインターナショナル料理「バレンシア」。朝食のみビュッフェスタイルになる。そのほかに中国料理もある。プール、フィットネスセンターもあり二〇〇二年にはスパもオープンした。洗練されたトリートメントルームからもまた競馬場が望める。

マカオ国際空港までは車で約五分、マカオフェリーターミナルまでも約十分とアクセスにも恵まれている。フェリーターミナルとの間、そしてグループホテル間を結ぶシャトルバスもある。

■グランド・ビュー・ホテル・マカオ／澳門君怡酒店

Grandview Hotel Macau
客室数：407 室
住　所：142 Estrada Governador Albano de Oliveira, Taipa／氹仔柯維納馬路 142 号
TEL：28837788　FAX：28837777
E-mail：info@grandview-hotel.com
http://www.grandview-hotel.com

カジノとスパをホテルに複合

Grand Waldo Hotel
グランド・ワルド・ホテル

夜には打って変わってネオン輝く外観

タイパ島のコタイ地区にあり夜になると煌びやかなネオンが眩しい。二〇〇六年九月に開業した。十二階建てのホテル、カジノ、スパの三施設を複合した。それぞれの施設は屋内の廊下でつながっていてとにかく大きい。ホテルのエントランスを抜けると、天井が高く開放感のある広々としたロビーがある。レセプションのカウンターも端から端までとかなり長い。

スタンダードルームの客室は温かみのある茶系の家具でコーディネートされた落ち着いた内装で統一している。全室ともバスタブとシャワーブースが独立している。バスタブにあるシャワーは取り外しできるので使い勝手が良い。新しいホテルだけに清潔感が漂う。バスローブ、スリッパとアメニティーも各種そろっている。

日本からの団体ツアー客が多く、訪れた日は地方の慰安旅行で訪れた日本人団体客が宿泊していた。ビジネスだけで客室利用する場合には八時から十八時までランチがついた格安のパッケージ料金もある。ダイニング施設

右上：明るくカウンターが長いレセプション
右下：清潔感漂うスタンダードルーム
左上：隣接する「グランド・ワルド・スパ」のロビー
左下：開放感のあるプール

も充実している。海鮮火鍋店、日本料理、フカヒレ専門店、麺とお粥の店など、カジノ内を合わせると十店と種類も豊富にある。一階には珍しくワインセラーもある。

隣接している「グランド・ワルド・スパ」は六階建てのレジャー施設となっている。内部は二十四時間営業で、ハイドロセラピーエリアには様々な種類のマッサージプールやサウナがある。トリートメントエリアにはカップルでも受けられる、豪華な造りのマッサージルームもある。このほか子供たちが遊べるキッズエリア、ゴルフ練習エリア、映画鑑賞もでき大人も子供も楽しめる。

ホテルからマカオフェリーターミナル、中国行きのフェリーターミナル、競馬場に行くシャトルバスサービスもある。

■グランド・ワルド・ホテル／金都酒店
Grand Waldo Hotel
客室数：340室
住　所：Sul da Marina Taipa-sul, Junto à Rotunda do Dique Oeste, Taipa ／氹仔島南部遊艇碼頭鄰近西堤圓形地
TEL：28886888　FAX：28886889
E-mail：customers@grandwaldohotel.com
http://www.grandwaldohotel.com

Best Western Hotel Taipa

ベスト・ウェスタン・ホテル・タイパ

随所にポルトガル情緒を出した

天井が高いロビー

タイパ島中心にある車が行き交うロータリーに位置している。黄色の壁が印象的なポルトガル様式の外観でベスト・ウェスタンのチェーンに加盟している。カジノはない。スロットマシーンだけのコーナーが一階にある。

禁煙フロアが五フロアある。デラックスルームは真っ白い壁と白木を使用していてシンプルで清潔感があり、明るくて広々としている。ドアについている客室番号のプレートがポルトガルのタイル〝アズレージョ風〟になっている。

ポルトガル料理とマカオ料理を中心としたレストラン「グランデ」は内装が黄色の壁と緑の窓枠がポルトガル建築を思わせる造り。ランチ、ディナーはアラカルト。朝食はインターナショナル料理のビュッフェスタイルとなる。

祝日前は中国、香港からの宿泊者が多く、日本、韓国、東南アジアからの客も多い。日本からは団体ツアー客が多い。ホテル内のすべての場所でワイヤレスが可能になった。タイパの飲食店が集まる官也街も徒歩圏内。マカオフェリーターミナルまでのシャトルバスサービスもある。

右：下層階にポルトガル様式を残した外観
左上：シンプルなデラックスルーム
左中：ポルトガル料理が味わえるレストラン「グランデ」
左下：ミーティングルームもある

■ベスト・ウェスタン・ホテル・タイパ／澳門格蘭酒店
Best Western Hotel Taipa
客室数：200 室
住所：822 Estrada Governador Nobre Carvalho, Taipa ／氹仔嘉楽庇総督大馬路 822 号
TEL：28821666　FAX：28820333
http://www.bestwestern.com
◇日本の予約・問い合せ先
ベストウエスタンホテルズ
TEL：0120-421234（フリーダイヤル）

The Westin Resort, Macau

ウェスティン リゾート，マカオ

マカオでは珍しい本格的リゾート

斜面に造られているため建物全体が傾斜して見える

マカオではきわめて珍しいカジノのないホテル。その上ホテルに隣接して国際的なトーナメントにも使われるゴルフコースがある。マカオのコロアネ島の一番外れにあって〝リトリート気分〟を満喫できる点も異色である。エントランスに噴水があり、その周辺は南国ムード溢れる植栽が施されている。リゾート気分に浸りながらエントランスをくぐるとそこはゆったりとスペースを取ったロビー。

高低差がある敷地を巧みに利用して斜面に沿ってホテルが建てられている。このため各客室には広々としたテラスバルコニーがある。黒沙湾の海岸が見えるビーチビュー、あるいはガーデンビューの二種類がある。それぞれ景観には違いはあるもののいずれも真っ白なテラスバルコニーに出るとコロアネ島の自然を満喫できる。客室面積も六十六平方メートルあり、市街地のホテルと違ってゆったりとくつろげる。

レストランの料理が充実しているのもこのホテルの特

右上：入口付近の噴水の配置も南ヨーロッパ風
左上：リゾートムードいっぱいのホテルの入口
左中：プールも充実している
下：ホテルと隣接してゴルフコースがある

上・右下：開放感溢れるレストラン。上写真は個室。右下は一般席
左中・左下：ワインバーと珍しいポートワインのラインアップ。30年もの（左端）もある

色。終日食事のできるメーンレストランではマカオらしいポルトガル料理、中国料理のほかスパイシーなアジアン料理などもそろい、飲茶メニューも充実している。そしてバーのワイン。ビンテージポートの充実ぶりは特筆すべき点で三十年も

上・下２点とも：テラスを広くとった客室

ののポートまであった。もちろんポート以外でもポルトガルの最高級ワインがそろっている。

ここはまた〝ゴルファーのためのホテル〟でもある。実際に滞在客の約二〇％はこのコースでプレーしていることからも分かるように、ゴルフコースがあって、このホテルが成り立っている。南国気分溢れる中でゴルフを楽しむ人々がコースを行き交う。もちろんプールが充実していて、そのほかのスポーツ施設やフィットネスクラブも充実しているのでゴルフ以外のアクティブな楽しみ方もできる。

■ウェスティン リゾート，マカオ／澳門威斯汀度假酒店
The Westin Resort, Macau
客室数：208 室
住所：1918 Estrada de Hac Sa, Coloane ／路環黒沙馬路 1918 号
TEL：28871111　FAX：28871122
E-mail：macau@westin.com
http://www.westin.com/macau
◇日本での予約・問い合わせ先
ウェスティン ホテル＆リゾート
TEL：0120-925956（フリーコール）

Pousada de Coloane

ポウサダ・デ・コロアネ

「ポウサダ」らしい家庭的な雰囲気

高台に箱形の客室が並ぶ独特の外観

マカオのホテルではひと味違うリゾートタイプのホテル。「ポウサダ」の名前から分かるようにポルトガル風旅籠屋のイメージを残している。コロアネ島の竹湾ビーチにある。実は一九八〇年代後半に一週間滞在した思い出深いホテルである。当時は香港在住の欧米人が家族連れで休暇を取るために数日滞在する宿であった。数年前に再び訪れた時は客室が大改装中でレストランで食事だけして帰った。

改装が終わったホテルの家庭的な雰囲気は昔と少しも変わっていない。ただし時代とともに内装や備品は大幅に改善され一段と過ごしやすくなっていた。マカオ半島の先端にあるポウサダ・デ・サンチャゴがクラシックな佇まいからモダンに変身したが、そのイメージをこのホテルが引き継ぐようにリノベーションしたようにも見える。昔は階段脇にあったドライサウナのスペースが時代の変化を反映してインターネットコーナーになっていた。滞在客がほとんど一日中過ごすプールサイドも健在で

上：レストランの外にはビーチを見下ろすテラスがある
下２点：さほど大きくないプールだが滞在客はこのプールサイドでのんびり過ごしている

上：ポウサダらしさを残す客室
下：アズレージョが印象的な廊下

あった。

ホテル以上に昔から付属したレストラン（p75参照）が有名であった。滞在中に何度かマカオ半島から地元の人々が数十人単位で訪れてパーティーを開いていたこともあった。おいしいポルトガル料理がリーズナブルな値段で食べられる点が地元民の人気を集めている理由であった。

■ポウサダ・デ・コロアネ／竹灣酒店
Pousada de Coloane
客室数：30室
住所：Praia de Cheoc Van, Coloane／路環竹灣海灘旁
TEL：28882143/44　FAX：28882251
E-mail：pcoloane@macau.ctm.net
http://www.hotelpcoloane.com.mo

第3章

マカオで癒やす

割安感のあるスパを体験できるマカオ

「設備が整っているのにずいぶん安いのね」。今回の取材に協力してくれた写真家の久米さんの一言がとても印象に残った。今回の取材の途中で宿泊ホテルでスパ体験した。その料金が久米さんが普段暮らしている隣の香港と比べて驚くほど安い。ホテル内の通常スパ料金がもともとホテルの格を考えると安いうえに、時間帯によってはさらなる割引料金が設定されている。深夜料金ともなると半額に設定しているホテルもあった。それを利用すると香港の町場のスパやマッサージと比べても安くなると彼女は言う。

もともとマカオには最新のスパ施設を完備したホテルは少なかった。これが一転し始めたのは相次ぐ高級ホテルの誕生と密接に関係がある。宿泊客に食事、エンターテインメントなどを楽しんでもらい、できる限り長時間にわたりホテル滞在をしてもらう仕組み自体が確立した。スパの付設もその一環であった。

長期滞在すればそれだけ付設したカジノでもお金を落としてくれる。それを期待して宿泊料金と同様にスパの料金も値引きしてマカオ滞在の魅力度を引き上げようという算段のようである。

本章では最新のマカオに誕生したホテルのスパ施設の中から評判の高い施設をピックアップして紹介する。最新のホテルのスパだけではなく昔から定評のあったホテル内の施設も加えてみた。

上：グランド・ワルド・スパのトリートメントルーム
右下：ザ・スパ・アット・ウィン・マカオ内にあるジャグジー
左下：サングリアを使用するザ・スパ・アット・グランド・ラパ・ホテル

地元の人々にも人気がある
The Spa at Grand Lapa Hotel
ザ・スパ・アット・グランド・ラパ・ホテル

落ち着いた色調のトリートメントルーム

グランド ラパ ホテル内にあるスパは、客室棟から少し離れたコロニアル様式のリゾートセンター内にある。フィットネスクラブが隣接した場所が総合受付になり、トリートメントの受付はスパショップ内で行われる。サウナエリアは会員制のスペース。トリートメント利用者と共用になる。入会金が高いのに意外と地元の人が多く利用していることに驚いた。

奥にあるトリートメントルーム専用エリアへと案内された。各トリートメントルームには花の名前がついていて、廊下には体中のツボの位置が分かる絵が飾られオリエンタルな雰囲気を漂わせている。

八十分の「スウェディッシュ・マッサージ」を体験した。スウェディッシュ・マッサージは流れるように筋肉をほぐしていくソフトタッチのマッサージ。ジャスミンとプルメリアのオリジナルオイルを使い刺激が少なく程よい香りが安らぎを与えてくれる。

仰向けになってから顔と頭部のマッサージをした後に十分くらいの休息をとる。その後でセラピストが蒸しタオルを持ってきて首の後ろにあててくれた。その瞬間にタオルに含まれていたアロマが蒸気とともにフワッと香り立ち蘇った気分になった。施術後にはセラピストから今回マッサージで使用したオイルなどが記入されたカー

右：贅沢な気分を味わえるサングリアを使用したトリートメントが人気
左：扉の奥にオープンエアのジャグジーがある

ドが手渡された。人気があるのはシグネチャートリートメントの「マカニーズ・サングリア・リチュアル」。初めにフレッシュグレープ、お米、ハチミツなどを配合したスクラブ剤で優しくマッサージし、その後にオリジナルのサングリアを飲みながらオープンエアでサングリア入りのジャグジーに浸かる。発汗作用があり肌も滑らかになるという。最後にグレープシードオイルを使ったマッサージで終了。何とも贅沢な気分を味わえるトリートメントである。

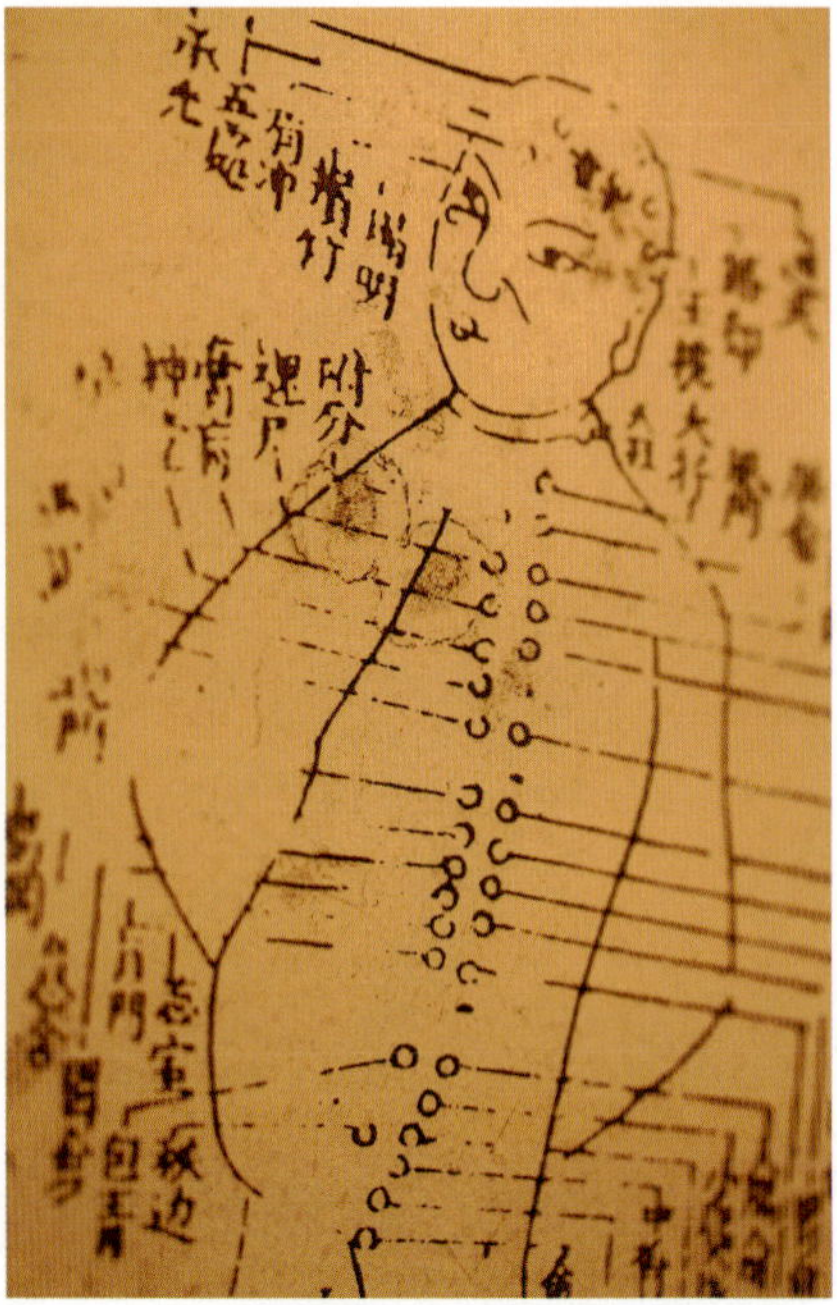

通路には東洋医学のツボの位置が分かる絵が飾られていた

このほか二人のセラピストによるオリエンタル・ハーモニー、スポーツマッサージ、アロマストーンなど種類も豊富にある。アロマテラピーマッサージにはイギリス製の高級スキンケアブランド「アロマテラピー・アソシエイツ」のオイルを使用している。そのオイルはショップでも購入できる。スパメニュー以外には、ヨガクラスもたくさんあり、宿泊者は無料で体験できるのもうれしい。

■ザ・スパ・アット・グランド・ラパ・ホテル／金麗華大酒店香薫療理中心
（グランド・ラパ・ホテル内）
The Spa at Grand Lapa Hotel
営業時間：毎日 10:00～22:00（サウナや屋内ジャグジーは6:30～）
トリートメント室数：6室
住所：956-1110 Avenida da Amizade ／友誼大馬路 956-1110 号
TEL：87934824
E-mail：glmfm-spa@mohg.com
http://www.mandarinoriental.com/macau/spa

巨大な敷地で「マカニーズ・マッサージ」を体験

The Spa at Wynn Macau

ザ・スパ・アット・ウィン・マカオ

上2点とも：レセプションエリアからも高級感が漂う

ウィン・マカオの一階にある。シグネチャーマッサージである九十分の「マカニーズ・マッサージ」を体験した。チェック項目に記入し、その後アプリコット色の温かみのあるスパエリアへ案内された。先にシャワーを軽く浴びてバスローブに着替えリラクゼーションエリアへ。重厚な雰囲気のラウンジでは柑橘系などのフルーツが入った「果汁水」とスパ茶と呼ばれる朝鮮人参がベースの「理療人参茶」がセルフスタイルで味わえる。

トリートメントルームはカモミールなどすべてハーブの名前がついている。「ジャスミン・スイート」という名のトリートメントルームへ通された。

早速、顔が出るようベッドにうつ伏せになるとセラピストが熱湯にレモングラスを入れたボウルをさっと顔の

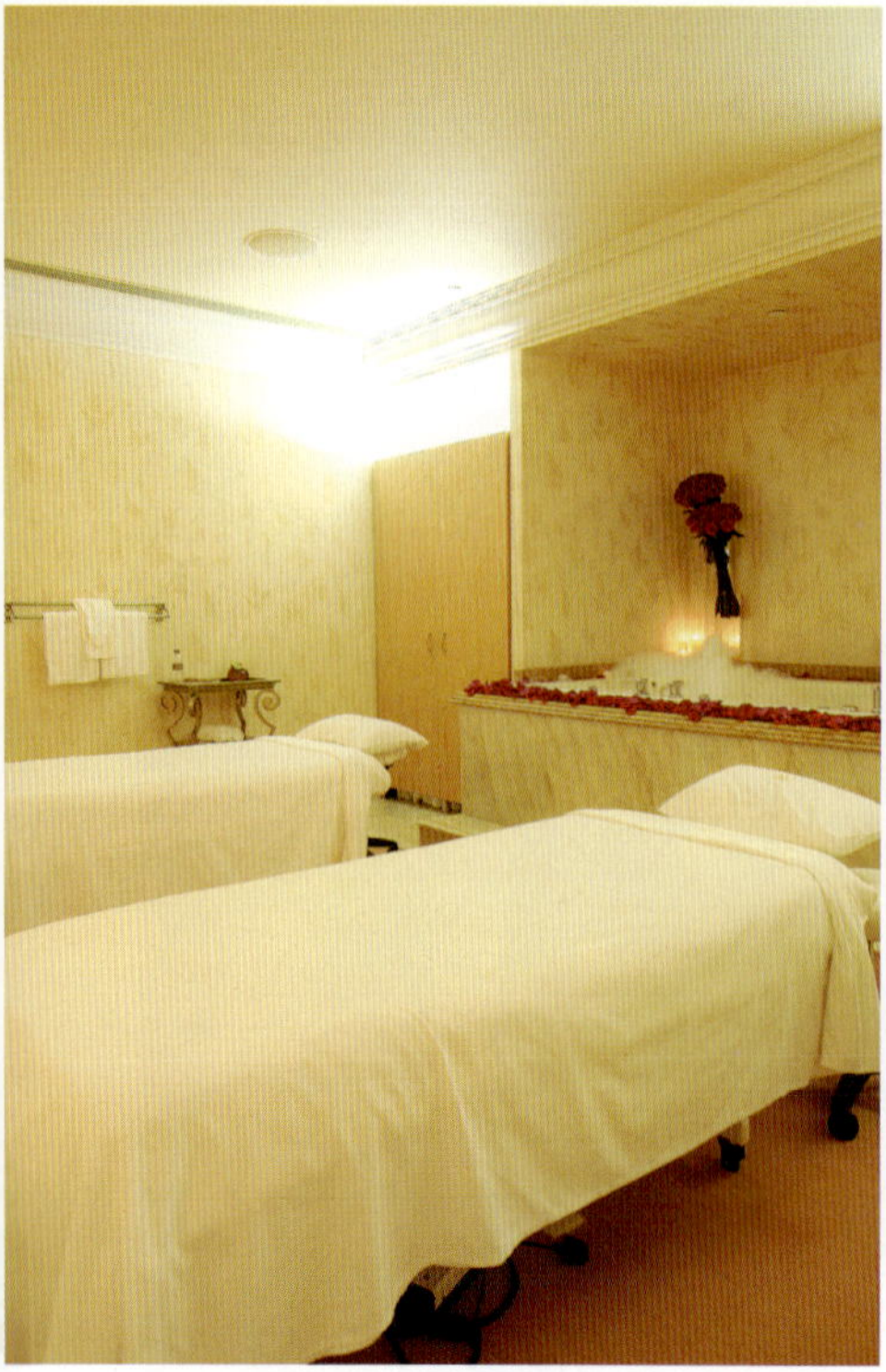

右：重厚感のあるリラクゼーションエリア
左：白を基調としたトリートメントルーム

下にあてがった。「三回深呼吸してください」と言われた。たちまち顔全体が柑橘系の蒸気で覆われ心身ともに癒やされた。

あらかじめ凝った場所などを聞かれた後に背中にたっぷりと温かいオイルを流した。手のひらを使って背中の中心からオイルを左右に広げるように大きなストロークでマッサージしていく。すべてに身をまかせているとセラピストの手のひらの厚みが体に伝わってくる。マカニーズ・マッサージは東洋と西洋のコンビネーションマッサージ。ビタミンEも配合されたサンダルウッドと、レモングラスをミックスしたフランス製のオリジナルブレンドオイルを使っている。

施術後にセラピストが小さな紙袋を手渡してくれた。中にはトリートメントで使用した五十ミリリットルのマカニーズ・オイルの残りが入ったボトルであった。自分へのお土産にもなり、何だかうれしい気分になる。

ザ・スパ・アット・ウィン・マカオは総面積が一千二十七平方メートルという広大なエリア。ここにトリートメントルーム、リラクゼーションエリア、更衣室、ロッカーなどがある。スパのレセプション脇には香港で有名なヘアサロンやオリジナル製品がそろうショップが併設されていて気に入ったグッズなども購入できる。

上：ジャグジーだけでも利用できる
左下：オリジナル製品がそろうスパショップ

スパメニューも豊富にあり、朝鮮人参ホットストーンや、中国式指圧などマッサージだけでも十一種類。三時間に及ぶパッケージメニューもあり、キャビアを使う贅沢なフェイシャルメニューなど、個性的なメニューが並ぶ。熟練したセラピストはフィリピン、タイ、インドネシアなどの出身。コミュニケーションもしっかりとれ、教育が行き届いていることが分かる。

■ザ・スパ・アット・ウィン マカオ／理療康體中心（ウィン マカオ内）
The Spa at Wynn Macau
営業時間：毎日 6:00 ～ 22:30（トリートメントは 9:00 ～）
トリートメント室数：14 室
住所：Rua Cidade de Sintra, NAPE ／外港填海區仙徳麗街
TEL：89863228
http://www.wynnmacau.com

シックスセンシズの中国大陸第１号店

Six Senses Spa at MGM Grand Macau

シックスセンシズ・スパ・アット・MGM グランド・マカオ

27%の海水を使用したフローテーションプール

ワールドワイドに展開している高級スパブランドで有名な「シックスセンシズ」。その中国大陸第一号店がＭＧＭマカオ内にある。ユニークで独特な造りが印象的なシックスセンシズは鉄、木、火、水、地と五つのエレメントからなる「ホリスティックな施術」と「五感の上の第六感に働きかけるスパ」をコンセプトにしている。

二階建てのスパ施設の一階がトリートメントルーム、地下は様々なサウナなどがあるリラクゼーションエリアになっている。ハーブの香りがするスチームバスや霜が覆っている零度のサウナもある。モザイクタイルのチェアでヒーリングミュージックを聴きながらリラクシングができ、フット専用のジャグジーバスではジェット水流による足裏マッサージも体験できる。

時間によってレインボーカラーに照明が変化するサウナに入った。冷房によって冷えた体がじわじわと汗ばみ体の芯まで温まっていくのが分かる。面白いのは二七％の海水を使ったフローテーションプール。死海のように体が浮き身も心も委ねることができる。このリラクゼーションエリアだけの利用でも十分満喫できる。

八十分のシグネチャーマッサージ「シックスセンシズ・マッサージ」を体験した。スウェディッシュ、タイ、バリニーズ、ロミロミなどをミックスしたオリジナル

右上：スパショップ
左上：VIP専用のトリートメントルームが別にある
下：スパショップには珍しいヘチマ入り石鹸もある

マッサージ。ベッドにうつ伏せになった時に下には水の入ったボウルに石が浮かべてあった。肘を使ってマッサージしていることが背中で感じられる。後半はアロマオイルを使用したマッサージ。次第に体のバランスが整えられていく。仰向けになり、最後は顔のツボを刺激するように指圧し頭部もマッサージしてくれる。

スパのメニューは豊富にそろいもちろん男性も可能。ホリスティックなスパだけにヨガや気功のクラスもある。

入口脇にはスパショップがあり、オーストラリア製のナチュラルスパブランド「ソダシ」など、お土産にも喜ばれるヘチマが入った珍しい石鹸なども販売している。

■シックスセンシズ・スパ・アット MGM グランド・マカオ（MGM グランド・マカオ内）
Six Senses Spa at MGM Grand Macau
営業時間：毎日 10:00 ～ 22:00（ジムは 6:00 ～）
トリートメント室数：7 室
住所：Avenida Dr. Sun Yat Sen, NAPE ／外港新填海區孫逸仙大馬路
TEL：88023838　FAX：88023333
E-mail：reservations-macau-spa@sixsenses.com
http://www.sixsenses.com/six-senses-spas/mgm

素晴らしい眺望を眺めながらトリートメント

Altira Spa

アルティラ・スパ

VIP 用のトリートメントルーム

アルティラ内にある。スパの入口はホテルの十六階にある。ここはフィットネスなど総合受付になっていて十五階がトリートメントルーム。およそ六千平方メートルの広いエリアにヘアサロンやＶＩＰルーム、トリートメントルームがある。ＶＩＰ用のトリートメントルームはジャグジーつきでかなり広い。ここからの眺めが素晴らしい。

今回体験したのはシグネチャーマッサージの「リバイタライズ」。タイ式マッサージをベースにしたオイルを使わないオリジナルのマッサージ。手のひらを使って体にあるエネルギーのツボを刺激し活性化させ独特なストレッチテクニックを使い血行をよくし体を蘇らせる。

ほの暗い照明で落ち着いた茶系のインテリアの個室にはシャワーとスチーム、トイレも備わっている。花びらを浮かべたフットバスでソフトスクラブする。

完全なタイ古式マッサージではないので体をひっぱったり、ねじったりとあまり激しく曲げたりしない。どちらかというと指圧に近い印象が残る。ふくらはぎなどがかなり痛い。でもこの痛さが効いて施術後には足が軽くなった。最後にお茶を飲みながらリラクシング。「リバイタライズ」の言葉通り体を生き返らせてくれた。

スパプロダクトにはナチュラルな素材で定評のあるイ

上：VIP 用のプールエリア
中：洗練されている総合受付
下：ダークブラウンの落ち着いた雰囲気

ギリス製のアロマテラピーブランドの「エレミス」を使っている。ボディー、フェイシャル、スクラブなどスパメニューも豊富にある。メニューにはそれぞれマッサージの強度が分かるように、手もみマークが一つだとライト、二つだとミディアムというように表示されている。男性専用メニューが七種あるのも珍しい。

■アルティラ・スパ／澄（アルティラ内）
Altira Spa
営業時間：毎日 10:00 ～ 24:00
トリートメント室数：12 室
住所：Avenida de Kwong Tung, Taipa ／氹仔廣東大馬路
TEL：28868886
http://www.altiramacau.com

宿泊者限定の深夜の大幅ディスカウント

Tea Tree Spa

ティーツリー・スパ

ウッディーでアロマが漂うレセプション

ホリディ・イン・マカオの九階にある。二〇〇六年に開業した。ウッディーでシンプルにまとめたアロマが漂うレセプションは清潔感がある。スパプロダクトも購入できる。ここで二時間半のシグネチャーマッサージの「ティーツリー・シグネチャー」を体験した。

まずはフットマッサージルームへ案内された。お茶を飲みながらリラクシングするとともにカウンセリングフォームに体調などを記入する。担当セラピストが現れて蒸しタオルで丁寧に足を拭いてくれる。シャワーとトイレがついた個室のトリートメントルームへ移りシャワーを浴びてガウンに着替える。準備ができるとセラピストがフットバスのセットを持ってきた。熱いお湯の中には真っ赤なバラの花びら、バスソルト、そしてフレッシュなレモンの輪切りがふんだんに入っている。たちまち蒸気とともに新鮮なレモンの香りが部屋中を包む。

ティーツリー・マッサージはスクラブ、アロマセラピーマッサージ、ホットストーン、フェイシャルのセラピーがセットになったパッケージ。ベッドにうつ伏せになり、足のかかとひじを入念にスクラブし、垢すりのようにゴシゴシと擦る。少し痛く感じるけれど、この後に行うアロマテラピーオイルをより浸透しやすいようにするためである。スクラブが終わると一度シャワーで洗い

清潔感のあるトリートメントルーム

流し、今度は背中を中心にアロマオイルを使って体全体をマッサージしていく。

途中でホットストーンを足の裏、手のひらの数カ所に置いた。石から伝わる自然のエネルギーが体に伝わってくる。最後はフェイシャル。クレンジングからスクラブ、美容液、アイクリームなどにフランス製のデクレオールを使っていて、それだけで贅沢な気分になってくる。

ここのスパにはうれしい特典がある。宿泊者限定だが時間によって三〇％から五〇％の割引でトリートメントが受けられる。しかも深夜二時まで営業している。

■■ティーツリー・スパ／茶樹水療（ホリデイ・イン マカオ内）
Tea Tree Spa
営業時間：毎日 12:00～26:00（金・土・祝のみ～27:00）
トリートメント室数：5室
住所：82-86 Rua de Pequim／北京街82-86号
TEL：87901930
http://www.ihg.com/teatreespa

本格的なタイマッサージが体験できる

The Royal Thai SPA

ザ・ロイヤル・タイ・スパ

豪華絢爛なグランド・エンペラー・ホテルの一角にまったくイメージが異なる「タイ・ワールド」。このスパの第一印象であった。赤みがかったインテリアにやや暗めに照明を抑えた室内。ろうそくの光を巧みに配した演出はそれだけでも心が癒される。トリートメントルームは全部で七室。アロマが室内いっぱいに漂っている。

周辺のホテルより安めの値段設定で本格的なタイのスパを体験できる。オイルやシャンプーにもこだわり、タイのナチュラル素材だけを使っている。タイに昔から伝わる古式マッサージから、ハーブやスパイスを使ったマッサージなど全部で十六のトリートメントが用意されている。

■■ザ・ロイヤル・タイ・スパ／英皇水療中心（グランドエンペラーホテル内）
The Royal Thai Spa
営業時間：毎日 10:00 ～ 28:00
トリートメント室数：7 室
住所：288 Avenida Comercial de Macau ／澳門商業大馬路 288 号
TEL：89867525
http://www.grandemperor.com

第4章

マカオを歩く

Shightseeing

東西文化の交差点となった世界遺産をめぐる

マカオは町の各所に世界遺産が点在している。その数は全部で三十カ所（建物二十二カ所と広場が八カ所）。セント・ポール天主堂跡（大三巴牌坊）のような「ランドマーク的な世界遺産」とともに、小さくて一見すると地味な広場までもが世界遺産になっている。そんな広場でも町の形成に知る上で重要な歴史的な役割を担ってきた。マカオは町全体が一つの世界遺産であり、それを際立たせるものが世界遺産に認定されている二十二の建物と八つの広場の合計三十カ所であると理解した方が分かりやすい。

小さな町だから丸一日かければ外観だけなら世界遺産を全部をざっと見てまわることができる。内部をじっくり見てまわり主要な博物館を訪れても二日で十分である。しかもほとんどの場所を徒歩でまわることができる。ただマカオはかなり坂道が多い町だから、移動にあたってタクシーを時折、上手に活用することを勧めたい。

マカオ最初の教会である聖アントニオ教会

旅のスタートはまず高台にある聖アントニオ教会（聖安多尼経堂）まで車で行こう。イエズス会が一五五八年に創建したマカオで最初の教会で、地元では「花王堂」とも呼ばれている。日本人の多くが知っているセント・ポール天主堂ももともとは聖アントニオ教会の付属学院として建てられた。ここからセント・ポール天主堂跡までは坂道を下って行ける。

教会の目の前に大きな石の十字架が立っている。石に刻まれた「一六三八」の数字から分かるように、一六三八年に教会が再建された際に石の十字架も造られた。聖アントニオ教会は何度も火災にあって焼失し、そのたびに再建されている。現在の建物は一八七五年に建てられた。教会の内部は大聖堂に匹敵する荘厳さ。写真撮影に「大らか」なマカオの教会群の中では珍しく、一般観光

セント・ポール天主堂跡と美しく整備された花壇

花王堂前地。聖アントニオ教会の前に広がる

客に内部の撮影を認めていない。

聖アントニオ教会の周辺には世界遺産が集中している。一つはモリソン教会の墓地（基督教墳場）。カトリックの拠点となってきたマカオでは珍しいプロテスタント教会である。教会の名前は中国大陸でプロテスタントの布教を行ったロバート・モリソンにちなんでつけられてい

る。彼とその妻メアリー、息子で父の後に中国で布教を続けたジョン・ロバート・モリソンの三人が、ここの墓地に埋葬されている。ちなみにこの墓地にはマカオを描いた画家のジョージ・チネリーや、イギリスの首相となったウィンストン・チャーチルの叔父ヘンリー・ジョン・スペンサー・チャーチル海軍大佐の墓もある。

　モリソン教会の裏手が東方基金会。一般には「カーサ庭園」と呼ばれている。一七七九年から一八三四年までの五十五年間にわたってイギリス東インド会社が事務所として使っていた建物である。一八四〇年にアヘン戦争

右上：聖アントニオ教会の十字架。土台に「1638」の刻字がある
左上：モリソン教会の外観
左中：モリソン一家の墓。奥がロバート・モリソン、中央が妻のメアリー、手前が息子のジョン・ロバート・モリソンの墓である
左下：カーサ庭園。正面の建物をイギリス東インド会社が使用した。以前とは外観の色が微妙に違う

イエズス会記念広場（大三巴広場）。後方にセント・ポール天主堂跡のファサードが見える

が勃発し、この戦争でイギリスが清朝を打ち破って香港を直轄植民地とする以前は、マカオがイギリス東インド会社の対中貿易の拠点となっていた。ここもまたマカオの世界遺産の一つになっている。

カーサ庭園の隣にはルイス・カモンエス公園がある。マカオ市街では数少ない大規模な緑地公園で市民の憩いの場にもなっている。この公園前のカモンエス広場（白鴿巣前地）も世界遺産である。

マカオ観光の目玉のセント・ポール天主堂跡へ

聖アントニオ教会前のサント・アントニオ広場から下りの坂道が続いている。通りの名前は途中で花王堂街から大三巴街へと変わる。大三巴街はアンティーク店が多い通りである。その途中には趣のある小さな路地が幾本かある。その一つが恋愛巷。お洒落な名前の路地の間からセント・ポール天主堂跡の姿が見える。大三巴街はやがて大三巴広場の前に出る。広場の先に大きな石段があって、その先がセント・ポール天主堂跡。セナド広場とともにマカオで最も観光客が集まる場所である。一八三五年の火災で建物の大半が焼失してしまい、石造りの正面ファサードのみが残っている。

ファサードには日本での布教に努めたフランシスコ・

ザビエルなどイエズス会の要職にあった神父のほかキリスト教に関連した石刻が数多く並んでいる。このファサードが「石の説教」と呼ばれる所以である。ファサードの裏手に博物館があって様々なキリスト教の展示物が陳列されている。その中には日本を追われてマカオに移り、セント・ポール天主堂の建設にも携わった日本人の遺骨も納められている。展示室には江戸幕府が実行したキリスト教徒迫害の最中に長崎で磔となった二十六聖人の絵も展示されている。

セント・ポール天主堂跡の西側にナーチャ廟（哪吒廟）と旧城壁（舊城牆遺址）が仲良く並んでいる。いずれも世界遺産である。マカオの城壁が最初に造られたのは十六世紀。しかしポルトガル人が城壁を造るたびに明朝、清朝の役所が取り壊した。世界遺産となった城壁跡は十七世紀に造られたものの一部である。

天主堂の東側には世界遺産の大砲台（モンテ砲台）がある。ポルトガルの植民地を次々と奪って海洋帝国としての足場を築いてきたオランダが、十七世紀前半に何度

上：ナーチャ廟。左側の壁はポルトガル人が最後に築いた城壁。セント・ポール天主堂跡の左奥にある
中：モンテの丘にそびえ立つ城壁
下：マカオの繁華街としてにぎわう板樟堂前地。左手は聖ドミニコ教会

右：盧家大屋の内部。精巧な装飾が施されている
左上：大堂。つまりカテドラル（大聖堂）
左下：大堂前地。カテドラル前の広場で、ここに小さな路地が集まってくる

か艦船を派遣してマカオを占領しようとした。こうした動きに対抗してポルトガルが築いた砲台の一つである。一六二二年のオランダ軍のマカオ進攻の際には、この砲台から発せられた一弾がオランダ軍の火薬庫に命中し戦局を一変させた。

世界遺産となっているイエズス会記念広場（大三巴広場）からの下り道も大三巴街である。このあたりからはさすがに土産物店が多くなる。急坂を下った突きあたりが女媧廟。この廟を基点にしてポルトガル人がマカオに暮らし始めた時代から存在した道が四方八方へと広がる。東に向かう道が賣草地街、続いて板樟堂街。その先で道に面して地元で「板樟堂」とも呼ばれる聖ドミニコ教会（聖母玫瑰堂）の前に出る。聖ドミニコ教会はマカオで絶大な影響力を持ち続けてきたイエズス会ではなく、ライバル修道士会の一つであったドミニコ会が創建した教会である。この教会と教会前のサン・ドミンゴ広場（板樟堂前地）の二カ所が世界遺産になっている。

板樟堂街はマカオ有数の繁華街として知られている。この道に合流する大堂巷に盧家大屋があり、大堂巷の突きあたりが大堂前地（ラルゴ・ダ・セ）。広場に面してマカオのカトリック司教座が置かれている大堂（カテドラル）がある。この三つも世界遺産に認定されている。

仁慈堂の２階から眺めたセナド広場。奥は民政総署

カテドラル周辺にはマカオのキリスト教を監督する司教区の事務所などが集まっている。

昼も夜も人でにぎわうセナド広場周辺

大堂前地から続く路地（大堂街）を行くかあるいは板樟堂街の聖ドミニコ教会前から南に下るとセナド広場（議事亭前地）に出る。マカオで最も歴史があり最も有名な広場である。昔は砂ぼこりに被われたあまりぱっとしない広場であった。一九九九年の中国への施政権返還前に大がかりな改装が施され、色鮮やかな石を敷き詰めた魚鱗式の広場に変わった。セナド広場自身も世界遺産であり、広場に面して同じく世界遺産の民政総署大楼、仁慈堂大楼が立っている。

民政総署は自治都市マカオの議会が置かれた場所であり、ポルトガル植民地マカオの政治上の中心地であった。かつては正面入口にはポルトガル語で「レアル・セナード（忠実なる議会）」と大きく書かれていた。現在は中国文字で民政総署と書かれている。民政総署は内部に入ることができる。入口に入って正面の天井寄りにマカオの町の正式名である「神の御名の都市」の文字がポルトガル語で書かれている。

仁慈堂はイエズス会が開いた慈善団体。東アジアで誕

右：マカオ観光局がある建物のアーケード越しに見た仁慈堂の外観
左：関帝廟の内部。財神にもなっている関羽を祀っている

生した最初の慈善組織であった。この仁慈堂傘下の病院などがマカオに設立された。返還後はポルトガル領事館となった白馬行病院などもその一つである。この仁慈堂

石畳が美しいサント・アゴスティーニョ広場

聖アウグスチノ教会の外観

の二階にある博物館が見ものである。展示品もさることながらベランダから眺めるセナド広場がすばらしい。上から見下ろすセナド広場は地上で眺めた風景とは違って見える。

セナド広場からマカオ政府観光局が入居している建物の脇に公局新市街が延びている。その途中に世界遺産の三街会館がある。三街は「三つの通り」を意味し、その一つは公局新市南街の西の端にある営地大街である。残りの二街については諸説がある。いずれにせよ三街会館から西は中国人居住区であった。ちなみにポルトガルの拠点となった十六世紀の段階でもマカオに暮らす住民の九〇％が中国人であった。

　三街会館の別名は関帝廟。武神であり財神でもある関羽を祀る道教の廟である。ここは宗教施設であるとともに中国人商人が集まる集会所を兼ねていた。同時に清朝がマカオに睨みを利かすために派遣した官吏が様々な布告を発令する場でもあった。

　マカオにポルトガル人が居住し始めたのは一五三〇年ころと推定されている。しかしながら正式にポルトガル植民地となったのはアヘン戦争後の一八八七年。その間は明朝も清朝もマカオをポルトガル人の居住を許した唯一の場所として指定しただけであり、主権はあくまで中国にあると解釈していた。つまり敷地面積こそはるかに広いものの清朝から見てマカオは徳川幕府下の長崎・出島と同じ扱いであったと理解した方が実態は分かりやすい。

上：緑が鮮やかなドン・ペドロ５世劇場
下：ロバート・ホートン図書館内の建物

聖ヨセフ教会のファサード

民選総署の裏手にも世界遺産が集まる

民政総署の裏手にも世界遺産が並んでいる。民政総署の脇を抜けて短いながらも急な坂道を進むとサント・アゴスチーニョ広場（崗頂前地）に出る。セナド広場と同様に敷石が美しい魚鱗模様を描く広場であり、ここも世界遺産になっている。樹木が茂る小さな広場で観光客や地元の人々がベンチで休む姿を目にする。この広場を囲むように世界遺産の建物が四つ並んでいる。聖アウグスチノ教会（聖奥斯定経堂）、ロバート・ホートン図書館（何東図書館大楼）、聖ヨセフ修道院・聖ヨセフ教会（聖若瑟修院・聖若瑟聖堂）、そしてドン・ペドロ五世劇場（崗頂戯院）である。

聖アウグスチノ教会はその名の通り聖アウグスチノ会が創建した。もともとはマカオ半島のさらに南部の旧ベラヴィスタ・ホテル（現在のポルトガル領事官邸）付近にあった。地元では「龍髭廟」と呼ばれていた。当初の教会の屋根がまるで龍の髭のように見えたためである。

教会の向かいがロバート・ホートン図書館。第二次世界大戦が勃発して香港が日本軍に占領されると、香港の中国人実業家であったロバート・ホートン（何東）がここに移り住んだ。ホートンは戦後に香港に戻って活動を再開。イギリスからサーの称号も得ている。彼の遺言で死後にマカオ政庁に寄贈され図書館となった。コロニアル様式のお洒落な建物で、もともとはポルトガル人の邸宅であった。

　その隣が聖ヨセフ修道院と聖ヨセフ教会。修道院は一七二八年にイエズス会が修道士の養成の場として創建された。その付属教会として聖ヨセフ教会が一七五八年に誕生している。サント・アゴスティーニョ広場に面した修道院は非公開。教会は広場とは反対側の三巴仔横街（ルア・デ・セミナリオ）から入ることができる。この聖ヨセフ教会には日本にキリスト教を布教したイエズス会の宣教師フランシスコ・ザビエルの片腕の骨が安置されている。

　聖ヨセフ修道院の隣はドン・ペドロ五世劇場（崗頂戯院）。鮮やかな緑色をしたコロニアル様式の建物で一八六〇年の創建と比較的新しい。マカオ在住のポルトガル人が共同出資で造った憩いの場であった。

　ドン・ペドロ五世劇場と聖アウグスチノ教会の間を抜ける道は下り坂となり、やがて左手に世界遺産の聖ローレンス教会（聖老楞佐経堂）の前に出る。クリーム色の

上：聖ローレンス教会の外観
下：マカオ在住ポルトガル人の水源となったリラウ広場

外観の左右に塔がある教会で一五六〇年代にイエズス会が創建した。聖ローレンスは航海の安全を守る聖人であり、いわば「キリスト教徒の媽閣廟」。中国人の間では「風順堂」とも呼ばれていた。

マカオ在住のポルトガル人の故郷リラウ広場

聖ローレンス教会から先は起伏のある道がしばらく続く。足に自信があれば徒歩でリラウ広場（亜婆井前地）まで進みたい。少し楽をしたければ聖ローレンス教会周辺でタクシーを拾っても良いかもしれない。マカオの魅力をより楽しむためには、まずは世界遺産ではないけれど西望洋山（ペンニャの丘）山頂のペンニャ教会まで車で登り、ペンニャ教会や丘の上からの景色を堪能しても良い。ペンニャ教会からはリラウ広場まで下りの道が続いている。

世界遺産のリラウ広場は昔からマカオ在住のポルトガル人にとっては郷愁をそそる場所らしい。現実の広場はいたってシンプル。広場を囲む白壁の建物がかわいらしい。広場に井戸があったため、飲料水を求めてポルトガル人が最初に住み着いた場所だといわれている。広場のすぐ近くには世界遺産となった鄭家大屋がある。清末の経済人であり思想家として知られた鄭観應の邸宅である。

上：リラウ広場近くにある鄭家大屋。清末の思想家として知られる鄭観應の祖居であり故居であった。世界遺産になっている
下：港務局大楼の建物。1874年にインドから派遣された将兵の駐屯地として造られたモーロ人兵舎であった。インドイスラム風の建築様式も混じっている

媽閣廟の入口

大堂巷にある盧家大屋と同様に中国式の建物ながら随所にヨーロッパ式の建築様式を採り入れている。

マカオの名前のルーツにもなった媽閣廟

ここから続く坂道（媽閣斜巷）を下るとほどなくしてこれまた世界遺産の港務局大楼が見えてくる。外側を回廊が囲んだヨーロッパ建築で、イタリア人の建築家カッスートの設計で一八七四年に完成した。道はさらに下り海岸沿いの河邊新街（セルジオ提督通り）に出る。道の南寄りが媽閣廟である。

ヨーロッパの香りを求めて訪れる観光客でも必ず訪れる場所がここ媽閣廟。マカオという名前のルーツにもなったといわれる廟である。中国各地で航海の女神として知られる阿媽を祀っている。ポルトガル人がマカオに来航する以前からあった廟であり、交易のためにマカオで最初にポルトガル人が上陸した場所だともいわれている。今でも参拝に訪れる中国人も多く、いつも線香の煙と香りが充満している。この媽閣廟と広場の前にあるバラ広場もまた世界遺産に認定されている。広場を挟んでマカオ海洋博物館がある。モンテの丘にあるマカオ博物館とともにマカオの歴史を知る上でも訪れてみたい場所である。ここを見学すれば世界遺産の旅をより深いもの

媽閣廟の境内。カラフルなジャンク船の絵が描かれた石

ギアの燈台（右の塔）と聖母教会（左の建物）

にしてくれる。

マカオの最高峰にある東望洋砲台

最後に残った世界遺産が東望洋砲台（ギア要塞）である。半島の東寄りにあるマカオの最高峰（とは言っても標高はわずか九十二メートル）であるギアの丘（東望洋山）の上にある。一六二二年にオランダ軍はマカオの占領を目指してマカオに上陸した。進軍を続けるオランダ軍に対しポルトガル軍は砲撃する。モンテの丘から発せられた砲弾がオランダ軍の弾薬を直撃。オランダ軍は一挙に総崩れになってしまう。オランダを撃退したマカオのポルトガル軍は防備を固めるために砲台を増強した。そのうちの一つがオランダ人捕虜に建設させたギアの砲台であった。丘の上には砲台跡のほか、同時代に造られた聖母教会と一八六五年に建てられたギアの燈台、そして一九三〇年代に造られたポルトガルの防空壕などがある。緑も多いので朝は地元の人々のウオーキングコースとなっている。

標高の割にはかなりの急坂だから、観光客にはタクシーで一挙に登ってしまうか、麓の二龍喉公園（フローラ庭園）とつながるゴンドラリフト式のロープウエーを利用することを勧めたい。

Shightseeing

マカオ半島の街道と路地を散策する

世界遺産に認定された建物めぐり以外にもマカオには魅力的な楽しみ方がある。その一つが「道めぐり」である。ポルトガル植民地時代の香りが残る道、中国の町で見かけるような路地、そして現代マカオを象徴する近代的な大通りもある。これら異なる三タイプの道が混在しているのがマカオである。それでいて車の行き来が激しい大通りにも、そして中国的な路地にも時折コロニアル風の建物が混在する。ポルトガル植民地時代の面影を残す街並みも、よくよく見ればポルトガル文化と中国文化とが混在した「華洋折衷」であったりしていて訪れる人々を楽しませてくれる。

そしてもう一つの楽しみが道沿いに垣間見える「市民生活」である。とりわけ食べ歩きはマカオを楽しむ醍醐味の一つ。せっかくマカオを訪れたら日本人の口にも合うポルトガル料理、マカオ料理を味わいたいけれど、町中で出会う「B級グルメ」も無視できない。中国式の麺類、駄菓子、アイスクリーム…。町角で見かけた寂れ果てたような店構えの飲食店の食べ物が実においしかったりする。（マカオのB級グルメはP93以降を参照）

ポルトガルの香りを残す板樟堂街と伯多禄局長街

セナド広場とつながる板樟堂街は聖ドミニコ教会前を通り東に延びる。ブランドショップやファッション店が軒を並べ、まるで「マカオの原宿」「マカオの渋谷」と言った感がある。観光客だけでなく地元民も多い。書店、カフェなどもありマカオの文化・流行の発信地になっている。ハーゲンダッツなど世界的な食品ブランド店もある。

この道の先が伯多禄（ペドロ）局長街である。現在はポルトガル領事館となったかつての白馬行病院や「ポルトガルの家」などコロニアル様式の建物が所々に残っている。かつての劇場の建物がそのまま残り、内部はショップになっていたりする。そんな建物のルーツを楽しみな

上：板樟堂街には華洋折衷式の建物も残っている
下：ポルトガルの家。伯多禄局長街に残る数少ないコロニアル風の建物

がら散策するのも楽しい。ここの魅力はまた道の各所で交差する路地である。一直線の伯多禄局長街とは対照的に大きく曲がりくねる路地、行き止まりの路地、急坂の道などがある。十九世紀になって伯多禄局長街は「洋行」と呼ばれた外国商社が事務所を構えるビジネス街になった。その外国人めあての商店、交易などで財を成した中国人豪商の邸宅が周辺の路地に集まった。

伯多禄局長街はポルトガル領事館の先で水坑尾街と合流し、その北寄りにあるラザロ地区へと続く。小さな路地が縦横に幾本も並ぶラザロ地区は聖ラザロ教会を中心にした一角である。道の両側にポルトガルの民家を思わせる家並みが続き、マカオで最もポルトガルらしい街並みが残る。坂道が多い点もポルトガル旅情を増幅させてくれる。

中国人カトリックの居住地ラザロ地区

もっとも、この地区はもともとポルトガル人居住区ではなかった。マカオ市街区の外にあった田園地帯を十九世紀に住宅地として開発し、中国人のカトリック教徒が居住区として発足した。それだけに、ここの建物にはラザロ教会と仁慈堂婆仔屋を除けばマカオの歴史に登場するような建物はない。その分だけ建物一つひとつのうんちくには触れることなく、自然体で美しい街並みを堪能できる。建物の多くが現在は政府機関や公益機関などの事務所として使われている。一部はレストランやカフェになっている。

ラザロ地区の北側にはカトリック墓地の聖ミカエル墓地と聖ミカエル教会がある。ここにはマカオで亡くなったカトリックの欧米人だけではなく中国人のカトリック教徒も埋葬されている。墓地の東側にある水坑尾街を挟んだ場所が塔石広場。かつては競馬場があった場所で現在は石を敷き詰めた広場になっている。、広場の西側に澳門中央図書館、歴史檔案館など十九世紀末に建てられたコロニアル風の建物が幾つか並んでいる。

その先はロウリムイオック庭園（盧廉若公園）。高層ビルが林立する一角にあって、広々とした庭園は数少ない息抜きの場となっている。朝ここを訪れると地元の年配の人々が太極拳や中国楽器の演奏などを楽しんでいたりする光景と遭遇する。庭園内には澳門茶文化館もある。

水坑尾街を含めた半島北部全域は街路が碁盤の目状に整然と並び、所々に配した円形のロータリーと斜線状に延びる直線の道が変化をつけている。半島北部はもともと七つの中国人集落があるだけで、ポルトガル政庁の統治が及ばない地域であった。一八四〇年に勃発したアヘ

上：聖ラザロ教会。仁慈堂が設立したハンセン氏病患者のための療養施設と礼拝堂がルーツ
下：ラザロ地区の一角にある馬忌士街。道の両側にお洒落な洋館が並んでいる

上：塔石広場に面して並ぶコロニアル式の建物群。左が中央図書館
下：ロウリムイオック庭園。池の後に春草堂がある

ン戦争でイギリス軍に清朝が敗北。その弱体ぶりがはっきりすると日欧米の列強が中国を分割し、それぞれ自国の勢力圏に置き始めた。ポルトガルもマカオの植民地化を強行し支配地域を半島全域にまで一気に押し広げた。こうした時代に道路整備が進められたため、パリを初め当時のヨーロッパで流行していたような街路が半島北半部に誕生した。ただし道の両側に並ぶ建物の多くは今ではコンクリートの高層アパートになってしまい、ところどころにコロニアル風の建物が残っているだけである。

オランダ通りとラザロ地区

マカオ最初の通りである営地大街

営地大街の西に広がる昔からの中国人街

ポルトガル植民地時代の香りが残る東側とは対照的な街並みが、セナド広場の西側に広がっている。営地大街から「内湾」と呼ばれる半島西岸の地域一帯である。

営地大街を歩いていて面白いことに気がついた。道の表示は営地大街の下に「(大街)」と括弧をつけて表示されていた。全長わずか百メートル程度の営地大街は、マカオで最初に誕生した通りである。そのことに〝敬意〟を表してか、この通りはただ単に「大街」とも表示されている。ちなみにポルトガル語の表記は「ルア・デス・メルカドーレス」。直訳すれば「商人たちの通り」である。

マカオにポルトガル人が住み着き始めると、その十倍近い中国人もマカオに住み始めた。その多くが営地大街の西側の低地に暮らした。東南部の高台がポルトガル人居住区となり、両者の交易の場が営地大街となった。営地大街は二つの民族の取引の場であっただけではなく、東洋と西洋の文化境界線でもあった。

この通りの北端に女媧廟という名前の小さな廟があり、そこから幾つかの道が続いている、営地大街とはほぼ直角に東西に延びる道が草堆街。文字通りかつては海岸部から燃料の草を運ぶ通りであった。その草を販売してい

英記茶荘のレトロな内部。周辺には昔ながらのお茶専門店が並んでいる

たからか、草堆街の外れの女媧廟の先には賣草地街もある。現在の草堆街は電気店が多い「マカオの秋葉原」になっている。一九一八年にセナド広場の前を通るアルメイダ・リベイロ大通りが誕生するまでは、この通りがマカオで唯一、西海岸から東西に延びる道であった。

女媧廟から北西方向に二つの道が続いている。一つが関前正街、もう一つが関前後街である。骨董品店が多い通り。もっとも実態は骨董品というよりがらくた品を扱う店と言った方が正確かもしれない。二つの道はほどなくして合流し果欄街となる。その先が快艇街で通称「米街」である。

内港（内湾）寄りで大きく弧を描くように続く道が十月初五日街。アルメイダ・リベイロ大通りが誕生するまではマカオ最長の道路であった。弧を描いているのは、ここが昔の海岸線であったことの証である。康公廟を中央に南北に延びる道の周辺には、お茶専門の販売店、飲食店などが並んでいる。レトロな店構えは観光地化したマカオの通りにはない庶民の生活が感じさせられる。

かつての歓楽街であった福隆新街

マカオで最も中国的な街並みは福隆新街であろう。アルメイダ・リベイロ大通りの南側を平行して続く細い道

十月初五日街の街並み。「ポルトガルの香り」とは"無縁"の中国人世界が広がる

上：装いも新たに登場した福隆新街
下：康公廟と康公廟前地。康公廟広場はかつては博打場でもあった

には独特の雰囲気がある。見るからに中国風の同じ形の建物が道の両側に続き、ドアや窓はいずれも鮮やかな赤色になっている。かつての花街で日本からも多くの「からゆきさん」が送り込まれた。賭博、アヘン、売春がかつてのマカオの三大産業となっていた時代もあった。その中心地がこの一帯であった。現在は飲食店や菓子店が並ぶ健全な地区になっている。

埋め立てにより景観が変わった東海岸

一九七〇年代ころのマカオと比べて一番変化が激しいのが東海岸である。埋め立てが進んで南湾沿いと西湾沿いの海岸線の先に埋め立て地が誕生。南湾は南湾湖、西湾は西湾湖になってしまった。ホテル・リスボアの海沿いには巨大な埋め立て地「新填海区」が完成。その一帯には高層住宅とともにウィン・マカオ、MGMグランド・マカオなどの大型カジノホテルも誕生し

マカオ・ミリタリークラブ

た。

もっともホテル・リスボアのある一角自体ももともとは埋め立て地であった。昔の海岸線は南湾大馬路である。今では銀行が並ぶ金融街であり、事務所を中心とした高層ビルが並ぶマカオの新しい顔を見せる一角である。しかしながら近代的なビルの合間に時折コロニアル風の建物が顔を出す。昔は高級住宅街であった名残である。

代表的な建物がマカオ特別行政区政府総部の建物である。かつては「セルカル宮殿」と呼ばれるポルトガル人の邸宅であった。ポルトガル植民地下でマカオ政庁として使われ、その機能を引き継いだマカオ特別行政区が使っている。このほかにも大西洋銀行、培道中学、ジャーディン・ハウスなどの昔ながらの建物が残っている。

南湾大馬路は南下して西湾街、民国大馬路と名前を変える。このあたりまで来ると緑が断然多くなる。丘陵地が海に迫る斜面には木々に囲まれた低層のコロニアル風の建物が並んでいる。この一帯には人口密集地のマカオとは思えないのどかな風景が続く。ここにはマカオで財を成したカジノ経営者やポルトガル人の富裕層などが暮らしてきた。現在もマカオの最高級住宅街であることは変わらない。

民国大馬路の一番先端には高級ホテルのポウサダ・

上：マカオ特別行政区の建物。1849年にセルカル子爵邸として建設され「セルカル宮殿」と呼ばれていた。1928年に政庁が買収して総督官邸となる。中国への施政権返還後はマカオ特別行政区政府総部となっている
下：南湾大馬路沿いには金融機関が入居している建物が多い

デ・サンチャゴがある。昔のバラ要塞を改造してホテルにした。マカオで「最もポルトガルを感じさせるホテル」であった。大がかりな改装でいっそうの超高級化が進められたけれど、その点は今も変わっていない。ただし、海に面していたホテルも埋め立てで周辺部の様相がずいぶん変わってきた。その点は残念である。

Shightseeing

外港側に生まれた新しいウォーターフロント

一九七〇年代のマカオを知る人が今の変貌ぶりを突然目にしたら、まるで別世界にタイムスリップしてしまったような気分に陥ることであろう。その代表的な場所が東望洋山（ギアの丘）の東側に広がる「新填海区」と呼ばれる埋め立て地である。外港側の友誼大馬路から先に長方形をした巨大な埋め立て地が誕生。縦横の直線道路できちんと区分けされた街区の中に巨大なカジノホテル、低層階に店舗やレストランを置いた超高層住宅棟が並ぶニュータウンが生まれている。

埋め立て地のど真ん中の一番海側に陸に向かって不思議な観音像がそびえ立っている。東アジアにおけるキリスト教布教の拠点となってきた町には〝異質〟にも思える観音像は、よく見るとアジア的ではない表情をしている。作者はポルトガル人で中国文化とヨーロッパ文化の融合をテーマに制作したからだといわれている。

台座には十六の蓮の花がある。蓮は仏教に関連の深い花であり、同時に古のマカオの地名「蓮花島」の語源となった蓮をイメージしている。ちなみにこの観音像が見据えている先はマカオ半島北部の望廈山（モンハの丘）の麓にある観音堂。半島中南部をポルトガル人が支配して城壁を築いていた時代に、城壁外の中国人集落があった場所であった。観音像の内部は「仏教文化センター」と呼ばれる仏教博物館になっている。

新填海区の中央部は主として住宅街になっているから、高層ビルの一、二階を占めるレストランやカフェ、バーを訪れる以外の一般観光客はあまり見かけない。観光客が集まるのはウィン・マカオやMGMグランド・マカオなどがある新填海区の西部と、ホテル・サンズやマカオ文化センター、マカオ芸術博物館などが並ぶ新填海区の東部である。著名なカジノホテルとともに欧米の有名ブランド品を売る店も数多く出店している。新填海区の東部の先には、海を隔ててマカオ・フィッシャーマンズワー

上：新填海区の中央にある公園と高層ビル群。観音像側から見ている
下：新填海区の先端にある観音像。顔がヨーロッパ人らしいのがおもしろい。内部は仏教博物館になっている

フ（澳門漁人碼頭）がある。ここもマカオの新しい観光名所になっている。

友誼大馬路と東望洋山との間ももともとは埋め立て地である。ただし陸地になったのはかなり前。こちらは一般には「新口岸」と呼ばれている。新口岸にはホテルや百貨店だけではなく、官庁、オフィスなどのビルも多い。

歴史散歩の骨休みに最適な二つの博物館

この一角にマカオ・ワイン博物館とマカオグランプリ博物館がある。二つの博物館はマカオフェリーターミナル近くの同じ建物内にある。マカオに関連の深いポルト

上：マカオ芸術博物館の外観
下：マカオグランプリ博物館。隣にワイン博物館もある

ガルのワインに関する知識を得るためには最適な博物館である。実際に試飲もできる楽しみもある。

マカオグランプリ博物館はマカオを舞台に演じられる世界的に知られたＦ１レースの博物館である。かつての優勝者の写真などとともにレースに使われた車などが展示されている。レースのマニアはもちろんのこと、一般の観光客にも楽しめる博物館である。

Shightseeing

マカオ全体を一望できるマカオタワー

新生マカオのランドマークとして登場したのがマカオタワー。高さは三百三十八メートル。埋め立て地域に誕生した南湾湖のほとりにある。二〇〇一年十二月に誕生した。

まずは五十八階にある低い方の展望台へ上ってみた。それでも地上二百二十三メートル。高速エレベーターで一気に上昇する。世界でもトップクラスの高さを誇るタワーからの眺めは絶景であった。マカオの全景が三六〇度パノラミックに広がる。晴天の日には遥かかなた五十五キロ先まで見渡せる。ここを訪れればマカオの地形も分かり、町全体の構造も把握できる。

ここには高所恐怖症の人には絶えられないスポットがある。一部の床がガラス張りで地上が丸見えになった場所である。高所恐怖症ではない私でも、さすがにこのガラス張りの上に立つと足下からぞわぞわっとした恐怖感が伝わってきた。

ここからさらに上にある六十一階の屋外展望台へ上った。地上からは二百三十三メートル。ここでは「スカイアドベンチャー」というスリル満点のアトラクションを体験できる。その中身はワイヤーだけを頼りにタワー外縁を歩く「スカイウオークX」、時速二百キロで急降下するギネス認定の「バンジージャンプ」、タワーの頂上まで垂直のはしごを昇降する「マストクライム」などである。

ギネス認定のバンジージャンプも

訪れた日はちょうどバンジージャンプに挑戦する勇気ある観光客がいた。意外にも躊躇することなく、あっさり地上へダイビングした。初めて目の前で見ただけにさすがに臨場感がある。周囲からも自然にどっと喚声が上がった。

六十階には三六〇度回転する展望レストランがある。

マカオでもひと際高くそびえ立つマカオタワー

五十九階のカフェは夜にはバーとなり、素晴らしい夜景を見ることもできる。このほかに映画館、スロット、子供も楽しめるキャラクターショップなどもある。

タワーには隣接してコンベンションセンター、展示場、国際会議場施設などが備わっている。

上：マカオタワーの58階。一部の床はガラス張りになっている
下：マカオタワーの上からはマカオの市街地が一望できる

Shightseeing

都会の喧噪を離れてマカオの島をまわる

かつてはマカオを訪れる外国人観光客のほとんどはマカオの半島部に立ち寄った後に、当時はマカオ観光の基点となっていた香港に引き上げていった。今でも島部のホテルに宿泊しない限りその傾向はあまり変わらないかもしれない。しかしせっかくマカオを訪れたなら島めぐりも悪くはない。都会化した半島部とは違う素朴なマカオを目にすることができる。

グルメスポットの官也街などがあるタイパ島

マカオで最も人口密度が高い地区を探したら意外な結果が分かった。人口密度が高いのはまだ緑地が多いタイパ島中央部と半島北端部の埋め立て地であった。何のことはない。超高層マンションが林立し、その分だけ人口密度が高いから。

一九七〇年代に訪れたタイパ島は人里離れた孤島のイメージが残っていた。今ではすっかりマカオの新興ベッドタウンになってしまった。競馬場もサッカー場も、そして澳門（マカオ）大学もタイパ島にあり、その上に国際空港もタイパ島の東端に誕生した埋め立て地にある。

それでも緑地は十分に確保されている。そのうえ昔からの市街区が島の南にあり、ポルトガル料理を堪能できる専門店が多い官也街などグルメスポットもある。ここは半島部の店と比べて値段が安い点も魅力的である。セナド広場やホテル・リスボアなど半島部の観光スポットからタイパ行きのバスが出ており、それを利用すればタイパの主要スポットと往復できる。土地勘が出てきたらわざわざタクシーを使う必要はない。

官也街の南側には高台があって古い教会も残っている。マカオの昔の住宅を移設したタイパ・ハウスミュージアムもある。高台の麓には爆竹工場の跡地が残っている。爆竹はかつてのマカオの有力産業の一つであった。その後はマッチ製造などなどに転じたものの競争力低下で廃

上：タイパ・コロアネ歴史博物館。昔は海島市政庁であった
下：カルモ教会の外観

業に追い込まれた。跡地を利用したエンタテインメント施設が将来は登場する可能性はある。

聖フランシスコ・ザビエル教会のあるコロアネ島

タイパ島もコロアネ島もマカオの一部になったのは比較的新しい。十九世紀末にマカオ政庁が〝領土拡張政策〟に転じて半島北部を支配下に納めた後に、次のターゲットとなったのがこの二つの島であった。マカオにポルト

タイパ島
観音岩
澳門大学
北安馬路
信安馬路
安伯泰海軍将軍馬路
ニューセンチュリー・ホテル&カジノ
リージェンシー・ホテル
アルティラ・マカオ
海洋花園大馬路
菩提禅院
小潭山
肥仔文美食
華峰食館
美上校馬路
永誠街
廣東大馬路
成都街
布拉干薩街
基馬拉斯大馬路
大連街
埃武拉街
新馬路
南京街
澳門街
告利雅施利華街
空港ターミナル
大潭山
ゴールデン・クラウン・チャイナホテル
四面仏
柯維納馬路
グランド・ビューホテル
ベスト・ウエスタン・ホテル, タイパ
澳門国際空港
偉龍馬路
タイパ・スタジアム
住宅式博物館
(タイパ・ハウス・ミュージアム)
タイパ・ジョッキークラブ
宮也街
嘉模教堂
(カルモ教会)
望徳聖母湾大馬路
シティー・オブ・ドリームズ
下段
クラウン・タワーズ
グランド・ハイアット・マカオ
ハードロックホテル
ザ・ヴェネチアン・マカオ・リゾート・ホテル
フォーシーズンズホテル マカオ
ボウサダ・マリーナ・インファンテ
N
0
500m

タイパ村
ピノキオ
日頭街
水鴨街
宮也街
益隆炮竹廠
施督憲正街
タイパ図書館
(氹仔図書館)
カルモ教会
ダンボ
サントス
安楽街
徳行街
新巷
レストラン/土産店街
地堡街
柯打蘇街
ガロ
パンダ
兵房斜巷
生央街
買売街
木鐸街
道理街
告利雅施利華街
北帝廟
アントニオ・レストラン
新陶陶酒家
タイパ・コロネア歴史博物館
天后宮
巴波沙総督街
N
0
100m

ガル人が住み始めた十六世紀から三百年ほどはマカオとはまったく無縁の島であった。

住宅地化が進んだタイパ島とは異なって自然が多く残っているのがコロアネ島である。住宅が集中しているのは西海岸のコロアネ村くらい。それも住居の数も少ない。聖フランシスコ・ザビエル教会の周辺に小さな家が並んでいる。それ以外の地域は住居はほとんどなく、静かな海岸線が続いている。わずかにウェスティン リゾート・マカオやポウサダ・デ・コロアネなどホテルがあるだけ。コロアネ村を初めとするコロアネ島の主要ホテルもバスを利用して訪れることができる。

タイパ島にあるマカオの競馬場。グランドビューホテルからよく見える

上：コロアネ島にある聖フランシスコ・ザビエル教会
下：緑の外観が美しいタイパ・ハウス・ミュージアム

第5章
旅の便利帳

直行便の誕生で便利となったマカオ

香港経由フェリーの上手な使い方もポイント

一昔前まではマカオに行くためには香港経由が一般的であった。しかし、最近は定期便と〝定期チャーター便〟を使ってマカオに直接出入りできるようになり、マカオは身近な存在となった。マカオ航空が運航する関空・マカオ間の定期便が一日一便となったのに続き、ビバマカオ航空が成田・マカオ間で定期運航に近い週四便のチャーター便の運航を始めた。

これによりマカオ旅行は一段と便利になった。この二路線のほか日本の地方都市とマカオを結ぶ路線の定期運航も噂されており、このほかに羽田発着のチャーター便も時折、運航されている。これからのマカオ旅行は直行便を中心に計画を立てるのが一番理想的となっている。

一方で香港経由のマカオ旅行も検討に値する。それも香港市街からの発着ではなく、香港国際空港から直接マカオにフェリーで行く方法（所要時間は約四十五分）をお勧めしたい。日本と香港をつなぐ航空便は便数も多いから、このルートによる移動は直行便とともに常に検討すべきである。

フェリーを使ってマカオを訪れるメリットはもう一つある。それは主要ホテルはみなフェリーターミナルとホテル間をミニバスで送り迎えしている点である。ホテルまでのトランスポーテーションが確保できるうえ、しかも無料という点もありがたい。

このフェリーを利用するとトランジット客は香港への入国手続きも不要になる。また日本の空港で預けた荷物を香港で通関手続きすることもなく、マカオのフェリーターミナルで受け取る（香港国際空港のフェリーターミナルで荷物の確認を兼ねて一時的に持たされることもある）ことができる。つまりフェリーの便がフライトに準じた扱いとなっている。

フライト決定後、インターネットでフェリー予約

その手続きは思ったより簡単であった。日本からのフライトが決まったらすぐにインターネットでフェリーの予約（英文フォーマット）をする。予約が完了するとすぐに予約確認書がメールで送られてくる。香港国際空港

に到着したら、トランスファーエリアの表示に従って進む。フェリートランジットのカウンターで予約確認書を提示してチェックインとなる。しかも最近は航空会社でフライトを予約する時にフェリー便も一緒に予約することができるようになった。上記のように運航便は一日七便だが最近は減便しているので出発時に確認して欲しい。

もちろん香港・マカオ間のフェリーは香港島から発着する運航便が圧倒的に多いし、しかも便数は少ないながらも夜間でも運航している利点がある。また九龍半島南端のフェリーターミナルの便もある。香港に滞在して移動する場合は、それらを利用した方が便利である。

●マカオへの空のアクセス(直行便)

【日本→マカオ】

出発地	便名	出発曜日	出発時刻	到着時刻
成田	ZG280 *	月水金日	21:00	0:45+
関空	NX837	毎日	16:30	20:00

【マカオ→日本】

便名	出発曜日	出発時刻	到着時刻	到着地
ZG281 *	月水金日	14:30	19:45	成田
NX838	毎日	11:00	15:30	関空

* ZG280 便と ZG281 便はビバマカオ航空の定期運航チャーター便です。

●香港国際空港からマカオへのフェリー（所要時間 45 分）*

【香港国際空港→マカオ】

出発時間	10:50	12:45	14:00	15:30	17:25	19:10	22:00

【マカオ→香港国際空港】

出発時間	08:15	10:00	12:30	13:45	15:00	16:45	20:15

*運航便は上記の 7 往復だが、減便することもありますので実際の出発前に確認してください。

■各航空会社とホームページ
CX= キャセイパシフィック航空
http://www.cathaypacific.co.jp
JL= 日本航空
http://www.jal.co.jp
NH ＝全日空
http://www.ana.co.jp
NW= ノースウエスト航空
http://www.nwa.co.jp
AI= エアインディア
http://www.airindia-jp.com
UO= 香港エクスプレス航空
http://www.hongkongexpress.com
KA= 香港ドラゴン航空
http://www.dragonair.co.jp
NX= マカオ航空
http://www.airmacau.jp
ZG= ビバマカオ航空
http://www.flyvivamacau.com/jp
■香港・マカオ間のフェリー
●ターボジェット・マカオ
①香港（上環）・マカオ間
②香港国際空港・マカオ間
http://www.turbojetseaexpress.com.hk
●ファースト・フェリー
尖沙咀・マカオ（カタマラン）
http://www.nwff.com.hk

リゾート感覚の移動を楽しめるビバマカオ航空

唯一の〝成田発着定期〟を運航するビバ・マカオ。形式的にはチャーター便ではあるものの毎週月水金日曜日の週四便を運航。事実上の定期便になっている。今回のマカオ取材では同社の「定期チャーター便」に搭乗した。躍進著しい「格安航空会社」の運航便だから前の座席との間隔は狭いという先入観を持って搭乗した。その間隔がエコノミークラスでもゆったり取っていることにまずは驚いた。食事などは注文があれば有料で出すコストカットに徹底している。その一方で機上スタッフの乗客に対する細かな気配りなどが随所に感じられ気持ち良く空の旅を楽しめた。帰国便で搭乗したワンランク上のプレミアクラスはさらに座席間隔が広く取られ足を思い切り延ばしてもまだ余裕があるほどであった。このクラスは食事も、アルコール類以外の飲みものも無料で提供される。

ツアー客だけではなく個人の利用客に対する料金も設定していて、それが意外に安い。その料金が出発日によって大きく変わることもない点も利用客にはうれしい。

上：プレミアクラスの座席
下：エコノミークラスの座席

VIVA MACAU AIRLINES

■ビバマカオ航空　ジャパンデスク
住所：東京都渋谷区神宮前 5-49-7-3F
TEL：03-3498-7636
FAX：03-3498-1510
http:www.flyvivamacau.com/jp

マカオのホテルを手配する

セントポール天主堂跡などが世界遺産に認定されたマカオは今、ホテルラッシュに沸いている。とりわけザ・ヴェネチアン・マカオ・リゾート・ホテルやウィン・マカオのような話題の新規ホテルも相次ぎ誕生している。

数多くあるマカオのホテルの中から自分の好みにあったホテルを選び出してマカオの旅をより楽しむためには、ここはやはり〝ホテル選びのコンシェルジュ〟の役割を果たしてくれるＪＨＣの知恵を借りたいところ。ＪＨＣは日本の旅行業界で長い間、旅行会社向けにホテル手配で実績を積んできた、ホテル選びのプロである。

観光そしてビジネスの宿探し、さらにはホテルそのものにこだわる旅のコンサルタントとして、ＪＨＣが持つホテル手配のノウハウをあなたの旅行に活用しない手はない。マカオだけではなく香港そして広州などの中国各地などでのホテル探しでは、ＪＨＣがあなたの要望に応えてくれる。

■ポウサダ・マリーナ・インファンテ／皇庭海景酒店
Pousada Marina Infante
客室数：312 室
住　所：Noroeste do Espaço entre as Ilhas de Taipa e Coloane, a Sul do Hipódromo da Taipa, Taipa ／氹仔蓮花海濱大馬路
TEL：28838333　FAX：28832000
E-mail：info@pousadamarinainfante.com
http://www.pousadamarinainfante.com

■ホテル・タイパ・スクエア／駿景酒店
Hotel Taipa Square
客室数：406 室
住所：Rua de Chaves, Taipa ／氹仔沙維斯街
TEL：28839933　FAX：28839922
E-mail：info@taipasquare.com.mo
http://www.taipasquare.com.mo

■ホテル・フォーチュナ／財神酒店
Hotel Fortuna
客室数：342 室
住所：63 Rua de Cantão ／新口岸廣州街 63 号
TEL：28786333　FAX：28786363
E-mail：fortuna@hotelfortuna.com.mo
http://www.hotelfortuna.com.mo

■フーワー・ガンドンホテル・マカオ／澳門富華粵海酒店
Fu Hua Guangdong Hotel
客室数：141 室
住所：98-102 Rua Francisco Xavier Pereira ／俾利喇街 98-102 号
TEL：28553838　FAX：28527575
E-mail：fuhuacrs@163.com
http://www.gdhhotels.com

■ホテル・ギア／澳門東望洋酒店
Hotel Guia
客室数：90 室
住所：1-5 Estrada do Engenheiro Trigo ／松山馬路 1-5 号
TEL：28513888　FAX：28559822
E-mail：guia@macau.ctm.net
http://www.hotelguiamacau.com

■ホテル・ロイヤル・マカオ／澳門皇都酒店
Hotel Royal Macau
客室数：380 室
住所：2-4 Estrada da Vitoria ／得勝馬路 2-4 号
TEL：28552222　FAX：28563008
E-mail：info@hotelroyal.com.mo
http://www.hotelroyal.com.mo

■ホテル・カーザ・レアル／皇家金堡酒店
Casa Real Hotel
客室数：381 室
住所：1118 Avenida do. Dr. Rodrigo Rodrigues ／羅理基博士大馬路 1118 号
TEL：28726288　FAX：28726726
E-mail：info@casarealhotel.com.mo
http://www.casarealhotel.com.mo

■ゴールデン・クラウン・チャイナ・ホテル／金皇冠中国大酒店
Golden Crown China Hotel
客室数：300 室
住所：Estrada da Ponta da Cabrita, Taipa ／氹仔雞頸馬路
TEL：28851166　FAX：28851199
E-mail：htlchina@macau.ctm.net
http://www.htlchina.com.mo

■ホテル・ゴールデン・ドラゴン／金龍酒店
Hotel Golden Dragon
客室数：483 室
住所：Rua de Malaca ／馬六甲街
TEL：28361999　FAX：28361333
E-mail：info@goldendragon.com.mo
http://www.goldendragon.com.mo

■メトロパーク・ホテル・マカオ／維景酒店澳門
Metropark Hotel Macau
客室数：338 室
住所：199 Rua de Pequim ／北京街 119 号
TEL：28781233　FAX：28781211
E-mail：hotel.momp@metroparkhotels.com
http://www.metroparkmacau.com

■ホテル・プレジデンテ・マカオ／澳門總統酒店
Hotel Presidente, Macau
客室数：212 室
住所：355 Avenida da Amizade ／友誼大馬路 355 号
TEL：28553888　FAX：28552735
E-mail：mgtpst98@macau.ctm.net
http://www.hotelpresident.com.mo

■モンディアル・ホテル／環球酒店
Mondial Hotel
客室数：141 室
住所：1 Rua de Antonio Basto ／巴士度街 1 号
TEL：28566866　FAX：28514083

■リージェンシー・ホテル／麗景灣酒店
Regency Hotel
客室数：326 室
住所：2 Estrada Almirante Marques Esparteiro, Taipa ／氹仔史伯泰海軍將軍馬路 2 号
TEL：28831234　FAX：28830195
E-mail：reservation@regencyhotel.com.mo
http://www.regencyhotel.com.mo

■マカオ・ランカイフォン・ホテル／澳門蘭桂坊酒店　（旧・キングスウェイ・ホテル）
Hotel Lan Kwai Fung Macau
客室数：206 室
住所：230 Rua de Luis Gonzage Gomes ／高美士街 230 号
TEL：28702888　FAX：28700799
E-mail：sales@macaulkf.com
http://www.macaulkf.com
http://www.macauhotel.org/hotel_lan_kwai_fong_macau-zh_cn

■ビクトリア・ホテル・マカオ／澳門維多利亞酒店
The Victoria Hotel Macau
客室数：132 室
住所：118 Estrada do Arco ／黒沙環拱形馬路 118 号
TEL：28556688　FAX：28557788
E-mail：hotel@mo-victoria.com
http://www.mo-victoria.com

■佛笑樓／佛笑樓餐廳
Restaurante Fat Siu Lau
営業時間：12:00 ～ 23:00
定休日：なし
住所：64 Rua da Felicidade ／福隆新街 64 号
TEL：28573580 / 28573585
FAX：28573266
E-mail：fsl1903@macau.ctm.net
http://www.fatsiulau.com.mo

■佛笑樓２／佛笑樓餐廳２
Restaurante Fat Siu Lau 2
営業時間：12:00 ～ 15:00、18:00 ～ 23:30
定休日：月曜
住 所：Avenida Dr. Sun Yat-Sen, Edf Vista Magnifica Court ／孫逸仙大馬路帝景苑
TEL：28722922
http://www.fatsiulau.com.mo

■ヴィーニャ／葡萄園餐廳
Restaurante Vinha
営業時間：11:00 ～ 24:00
住 所：Alm Dr. Carlos d'Assumpção, 393 Edf. Dynasty Plaza R/C ／新口岸填海區皇朝廣場 393 号 AC 舖
TEL：28752599　FAX：28752600
E-mail：vinha@macau.ctm.net
http://www.vinha.com.mo

■クヮンケイ／坤記餐室
A Ben Cedora
営業時間：11:45 ～ 22:00
定休日：火曜
住所：264 Rua do Campo ／水坑尾街 264 号
TEL：28355460

■カァメィロゥ／加米路葡式美食
Estabelecimento de Comidas Camilo
営業時間：11:00 ～ 23:00
定休日：火曜、祝日
住所：37 Avenida Sir Anders Ljungstedt ／倫斯泰特大馬路 37 号
TEL：28722889
E-mail：camilo_macau@yahoo.com.hk

■ヴェラ・ラティーナ／新帆船餐廳
Restaurante Vela Latina
営業時間：11:30 ～ 23:30
住 所：201 Avenida Almeida Ribeiro ／新馬路 201 号
TEL：28356888

■プライア・グランデ／美麗灣葡式餐廳
Praia Grande
営業時間：12:00 ～ 23:00
定休日：なし
住 所：10A Praça Labo D'Ávila, Avenida da Praia Grande ／南灣燒灰爐 10A 地下
TEL：28973022
E-mail：praiagrande@yp.com.mo / cta@macau.ctm.net
http://www.yp.com.mo/praiagrande

■ミリタリー・クラブ／澳門陸軍俱楽部餐廳
Clube Militar de Macau
営業時間：12:00 ～ 15:00、19:00 ～ 23:00
定休日：旧正月
住所：975 Avenida da Praia Grande ／南灣大馬路 975 号
TEL：28714000　FAX：28712760
E-mail：cmm@macau.ctm
http://www.clubemilitardemacau.net

■ポルト・エクステリア／新口岸葡國餐廳
Porto Exterior
営業時間：12:00 ～ 24:00
定休日：なし
住 所：606 Alameda Dr. Carlos D Assumpção, Ed. Chong Yu ／新口岸宋玉生廣場中裕大厦 606H-606G 地下
TEL：28703276 / 28703898
http://www.portoext.com.mo

■オー・ポルト・インテリア／内港餐廳
O Porto Interior
営業時間：11:00 ～ 15:00、17:00 ～ 23:00
定休日：なし
住所：259B Rua do Almirante Sérgio R/C ／河邊新街 259 号 B
TEL：28967770

■ヘンリーズ・ギャラリー／美心享利餐廳
Henri's Galley
営業時間：11:00 ～ 23:00
定休日：なし
住所：4G-H Avenida da Republica R/C ／西灣民國大馬路 4 号 G-H 地下
TEL：28556251 / 28562231
E-mail：henris@macau.ctm.net
http://www.henrisgalley.com.mo

■パンダ／熊猫葡國餐廳
Panda Portuguese Restaurant
営業時間：11:00 ～ 23:00
住所：4-8 Rua Direita Carlos Eugenio, Taipa ／氹仔巴波沙前地 4-8 号
TEL：28827338

■エスパソ・リスボア／里斯本地帶餐廳
Restaurante Espaço Lisboa
営業時間：火～金 12:00 ～ 15:00、18:30 ～ 22:00 土・日・祝 12:00 ～ 23:00
定休日：月曜
住所：8 Rua dos Gaivotas, Coloane Village ／路環水鴨街 8 号地下
TEL：28882226

■プラタオ／九如坊葡國餐廳
Restaurante Platao
営業時間：12:00 ～ 23:00（土のみ ～ 23:30）
定休日：月曜
住所：3 Travessa Sao Domingos ／板樟堂巷 3 号地下
TEL：28331818　FAX：28712211
http://www.plataomacau.com

■カモンエス／賈梅士葡國餐廳
Camões
営業時間：12:30 ～ 23:00
定休日：なし
住　所：Shop 101, Lisbon-Evora, Macau Fisherman's Wharf ／漁人碼頭一樓 Lisboa 3 大廈
TEL：28728818

■リトラル／海灣餐廳
Restaurante Litoral
営業時間：12:00 ～ 15:00、18:00 ～ 23:00
定休日：なし
住所：261A Rua do Almirante Sérgio ／河邊新街 261 号 A 地下
TEL：28967878　FAX：28967996
http://www.yp.com.mo/litoral

■ルア・アズール／南湖明月
Lua Azul
営業時間：11:00 ～ 15:00、18:30 ～ 23:00（土・日・祝のみ 10:00 ～）
定休日：なし
住所：Largo da Torre de Macau ／澳門觀光塔
TEL：89888700
http://www.macautower.com.mo

■陶陶居海鮮火鍋酒家
Restaurante Tou Tou Koi
営業時間：8:00 ～ 15:00、17:00 ～ 24:00
定休日：なし
住所：6-8 Travessa do Mastro ／爐石塘巷 6-8 号
TEL：28572629
E-mail：toutoukoi@hotmail.com

■ダンボ／小飛象葡國餐廳
Restaurante Dumbo
営業時間：11:30 ～ 23:00
定休日：なし
住所：Rua do Regedor, Taipa Village, Taipa ／氹仔地堡街 332 号喜來登廣場 A 舖
TEL：28827888　FAX：28825192

■マヌエル／阿曼諾葡國餐
O-Manel
営業時間：12:00 ～ 15:30、18:00 ～ 22:30
定休日：火曜
住所：90 Rua Fernao Mendes Pinto R/C, Taipa ／氹仔飛能便度街南龍花園 90 号
TEL：28827571 / 28825811

■媽閣廟
Templo de A-Ma
拝観時間：7:00 ～ 18:00
拝観料：無料
住所：Rua de São Tiago da Barra ／媽閣上街

■海事博物館
Museu Marítimo
開館時間：10:00 ～ 17:30
休館日：火曜
入館料：10 パタカ（日曜のみ 5 パタカ）
住所：1 Largo do Pagode da Barra ／媽閣廟前地 1 号
TEL：28595481 / 28595483
FAX：28512160
E-mail：museumaritimo@marine.gov.mo
http://www.museumaritimo.gov.mo

■マカオ博物館／澳門博物館
Museu de Macau
開館時間：10:00 ～ 18:00
休館日：月曜（祝日を除く）
入館料：15 パタカ
住　所：Fortaleza do Monte, 112 Praceta do Museu ／澳門博物館前地 112 号（大炮台）
TEL：28357911　FAX：28358503
E-mail：macmuseu@macau.ctm.net
http://www.macaumuseum.gov.mo

■セント・ポール天主堂跡／大三巴牌坊
Ruínas de São Paulo
入場料：無料
住所：Rua de São Paulo ／大三巴街

■天主教芸術博物館と地下納骨堂／天主教藝術博物館與墓室
Museu de Arte Sacra e Cripta
開館時間：9:00 ～ 18:00
入館料：無料
住所：Ruínas de São Paulo ／大三巴牌坊

■ナーチャ廟／哪吒廟
Templo de Na Tcha
拝観時間：8:00 ～ 17:00
住所：Junto às Ruínas de São Paulo ／大三巴或牌坊（大三巴右街）

■地方自治局／民政總署大樓
Edifício do Leal Senado
開館時間：9:00 ～ 21:00
入館料：無料
住所：163 Avenida Almeida Ribeiro ／亞美打利庇盧大馬路（新馬路）
TEL：28337676
http://www.iacm.gov.mo

■聖ドミニコ博物館／玫瑰堂聖物寶庫
Tesouro de Arte Sacra na Igreja de São Domingos
開館時間：10:00 ～ 18:00
入館料：無料
住所：Largo de São Domingos ／玫瑰堂（板樟堂）前地
TEL：28367706

■仁慈堂博物館
Núcleo Museológico da Santa Casa da Misericórdia
開館時間：10:00 ～ 13:00、14:30 ～ 17:30
休館日：日曜、祝日
入館料：5 パタカ
住　所：2 Travessa da Misericórdia, Largo do Senado ／仁慈堂右巷 2 号（議事亭前地）
TEL：28572403　FAX：28336975

■聖アウグスチノ教会／聖奥斯定教堂
Igreja de Santo Agostinho
拝観時間：10:00 ～ 18:00
住所：Largo de Santo Agostinho ／聖奥斯定前地崗頂前地

■聖ローレンス教会／聖老楞佐教堂
Igreja de São Lourenço
拝観時間：10:00 ～ 18:00
拝観料：無料
住所：Rua de São Lourenço ／風順堂街

■聖ヨセフ修道院及び聖堂／聖若瑟修院及聖堂
Igreja e Seminário de São José
拝観時間：10:00 ～ 17:00
住所：Rua do Seminário ／三巴仔横街

■ペンニャ教会／西望洋聖堂
Ermida de Nossa Senhora da Penha
拝観時間：10:00 ～ 16:00
拝観料：無料
住所：Colina da Penha ／西望洋山

■マカオ・タワー／澳門旅遊塔會展娯楽中心
Centro de Convenções e Entretenimento da Torre de Macau
営業時間：10:00 ～ 21:00（週末、祝日のみ 9:00 ～）
入場料：85 パタカ
住所：Largo da Torre de Macau ／澳門觀光塔前地
TEL：28933339　FAX：28960103
E-mail：info@macautower.com.mo
http://www.macautower.com.mo

■マカオ・ワイン博物館／葡萄酒博物館
Museu do Vinho
開館時間：10:00 ～ 18:00
休館日：火曜
入館料：15 パタカ〔グランプリ博物館との共通券〕20 パタカ
住所：431 Rua Luis Gonzaga Gomes ／新口岸高美士街 431 号
TEL：87984188

■マカオ・グランプリ博物館／大賽車博物館
Museu do Grande Prémio
開館時間：10:00 ～ 18:00
休館日：火曜
入館料：10 パタカ〔ワイン博物館との共通券〕20 パタカ
住所：431 Rua Luis Gonzaga Gomes ／新口岸高美士街 431 号
TEL：87984108/130　FAX：28706076

■タイパ・コロアネ歴史博物館／路氹歴史館
Museu da História da Taipa e Coloane
開館時間：10:00 ～ 18:00
休館日：月曜
入館料：5 パタカ
住所：Rua Correia da Silva, Taipa ／氹仔告利雅施利華街
TEL：28825631 / 28827103 / 83943784
FAX：28827102
E-mail：dic@iacm.gov.mo
http://www.iacm.gov.mo/museum

■タイパ・ハウス・ミュージアム／龍環葡韻住宅式博物館
Casas-Museu da Taipa
開館時間：10:00 ～ 18:00
休館日：月曜（祝日の場合はその翌日）
入館料：5 パタカ
住所：Avenida da Praia, Carmo Zone, Taipa ／氹仔海邊馬路
TEL：28827103 / 28827527
FAX：28827102
E-mail：dic@iacm.gov.mo
http://www.iacm.gov.mo/museum

■ギア要塞と灯台／東望洋炮台（包括聖母雪地殿聖堂及燈塔）
Fortaleza, Farol da Guia e Antigas protecções anti-aéreas
開園時間：10:00 ～ 17:00
休園日：月曜（祝日を除く）
入園料：無料
住所：Colina da Guia ／東望洋山
TEL：89884000 / 83943783
FAX：28827102
http://www.iacm.gov.mo/scrweb/airraidshelter/air_raid.htm

■蓮峯廟
Templo de Lin Fung（Templo de Lotus）
住所：Avenida Almirante Lacerda ／罅些喇提督大馬路
TEL：28550166

■觀音堂／普濟禅院
Kun Iam Tong
拝観時間：7:00 ～ 18:00
拝観料：無料
住所：Avenida do Coronel Mesquita ／美副將大馬路
TEL：28552183

■林則徐記念館
Museu Memorial Lin Zexu de Macau
開館時間：9:00 ～ 17:00
休館日：月曜
入館料：5 パタカ（ツーリストは 10 パタカ）
住所：Avenida do Almirante Lacerda ／罅些喇提督大馬路
TEL：28550166

■ロウ・リム・イオック庭園／盧廉若花園
Jardim de Lou Lim Ieoc
開園時間：6:00 ～ 21:00
入園料：無料
住所：10 Estrada de Adolfo Loureiro ／羅利老馬路 10 号

■サンフランシスコ庭園／南灣花園（加思欄花園）
Jardim de São Francisco
開園時間：終日
住　所：Avenida da Praia Grande（Rua Nova á Guia）／南灣大馬路（東望洋新街）

■八角亭
Ba Kok Ting（Biblioteca Publica da Associação Comercial de Macau）
開館時間：9:00 ～ 12:00、19:00 ～ 22:00
休館日：月曜、祝日
入館料：無料
住所：Jardim de São Francisco ／南灣花園内

■カーサ庭園（東方基金会会址）
Casa Garden（Fundação Oriente）
開園時間：9:30 ～ 18:00（ギャラリーは週末・祝日を除く）
入園料：無料
住所：13 Praça Luís de Camões ／白鴿巣前地 13 号
TEL：28554699　FAX：28571400
E-mail：fom@macau.ctm.net
http://www.foriente.pt

■カモンエス庭園／白鴿巣公園（賈梅士花園）
Jardim de Camões
開園時間：6:00 ～ 22:00
住所：Praça de Luís de Camões ／白鴿巣前地

■ジャーディン・ハウス（現・利馬中学）／怡和房屋
Jardine House（Colégio Mateus Ricci）
住所：21 Rua da Praia do Bom Parto ／西灣街 21 号
http://home.macau.ctm.net/~ricci

■慈幼中学（十六柱旧址）
Instituto Salesiano
開館時間：非公開
住所：16 Rua de São Lourenço ／風順堂街 16 号
TEL：28573734 / 28573033
FAX：28518444
http://www.ism.edu.mo

■サンティシモ・ロザリオ学校／聖玫瑰学校
Escola do S.S. Rosário
住所：35 Rua de São Paulo ／大三巴街 35 号
TEL：28368023
E-mail：sanrosa@macau.ctm.net
http://www.rosario.edu.mo

■関門／關閘
Portas do Cerco
開門時間：7:00 ～ 24:00
住所：Praça das Portas do Cerco ／關閘廣場

■マカオ司法警察署（澳門特別行政区保安司）
Polícia Judiciária de Macau
住所：Edifício da Polícia Judiciária, Rua Central ／龍嵩正街
TEL：28557777　FAX：356100
E-mail：piquete.sede@pj.gov.mo
http://www.pj.gov.mo

■澳門特別行政区政府（旧・セルカル子爵邸）
Governo da Região Administrativa Especial de Macau（Residência do Barão do Cercal）
住所：Avenida da Praia Grande ／南灣大馬路
TEL：28715868　FAX：87913509
E-mail：info@csc.gov.mo
http://www.csc.gov.mo

■聖アントニオ教会／聖安多尼教堂（花王堂）
Igreja de Santo António
拝観時間：7:30 ～ 17:30
拝観料：無料
住所：Rua de Santo António ／花王堂街

■聖ボンパルト要塞跡／焼灰爐砲台
Fortaleza de Nossa Senhora do Bom Parto
住所：Colina da Penha ／西望洋山

■サンフランシスコ要塞跡／聖方済各砲台及団牆
Muralha da Fortaleza de São Francisco
住所：Avenida da Praia Grande ／南灣大馬路

■フローラ庭園／二龍喉公園
Jardim da Flora
開園時間：6:00 ～ 20:30
住所：Avenida de Sidónio Pais ／士多紐拜斯大馬路

■ヴィクトリア庭園／得勝花園
Jardim da Vitória
開園時間：終日
住所：Avenida Sidónio Pais ／士多紐拜斯大馬路

■カテドラル／大堂（主教座堂）
Sé Catedral
拝観時間：7:30 ～ 18:30
拝観料：無料
住所：1 Largo de Sé ／大堂前地 1 号

■教座堂弁務室／教座堂辦公室
Cartório da Sé
住所：Largo de Sé ／大堂前地

■天主教主教公署（ビショップハウス）／主教公署教務行政署
Paço Episcopa（Bishop's House）
開館時間：10:00 ～ 17:30
住所：Largo de Sé ／大堂前地

■モリソン教会と旧プロテスタント墓地／馬禮遜教堂及基督教墳場
Capela Morrison e Cemitério Protestante
拝観時間：9:00 ～ 17:30
拝観料：無料
住　所：Perto da Casa Garden e do Largo de Camões ／東方基金會址相連之永久墓園内

■廬家大屋／大堂巷 7 號住宅
Casa da Lou Kau
開館時間：9:00 ～ 18:00
休館日：月～土曜、イベント開催日
入館料：無料
住所：7 Travessa da Sé ／大堂巷 7 号
TEL：83996699

■培正中学行政大楼（旧・盧廉若邸）
Escola Secundaria Pui Ching
開館時間：非公開
住所：7 Avenida de Horta e Costa ／高士德大馬路 7 号
TEL：28529333
http://www.puiching.edu.mo

■培道中学南湾分校（旧・盧廉若邸）
Escola Pui Tou
開館時間：非公開
住所：107 Avenida da Praia Grande ／南灣大馬路 107 号
TEL：28782257 / 28782262
http://pooito.edu.mo

■高可寧大屋
Casa do Kou Hó Neng House（Casa na Rua do Campo, n° 29）
開館時間：非公開
住所：29 Rua do Campo ／水坑尾街 29 号

■高可寧大屋別宅
Casa rural do Kou Hó Neng（Casa na Avenida da Praia Grande, n° 83）
開館時間：非公開
住所：83 Avenida da Praia Grande ／南灣大馬路 83 号

■マカオ・ドッグレース場（カニドローム）／賽狗場
Corridas de Cães
営業時間：9:30 ～ 13:00、14:15 ～ 17:45
定休日：土曜の午後、日曜、祝日
住所：Avenida General Castelo Branco ／白朗古將軍大馬路
TEL：28333399
http://www.macauyydog.com

■マカオ中央郵便局／郵政局大楼
Correios de Macau
営業時間：9:00 ～ 13:00、14:30 ～ 17:45（金のみ ～ 17:30）
定休日：土曜、日曜
住所：Largo do Senado ／議事亭前地
TEL：28574491
FAX：28336603 / 83968603
E-mail：macpost@macaupost.gov.mo
http://www.macaupost.gov.mo

■港務局大楼　（摩囉兵營）
Edifício da Capitania dos Portos（Quartel dos Mouros）
開館時間：9:00 ～ 18:00（外廊のみ）
入場料：無料
住所：Rua da Barra ／媽閣街

■鄭家大屋（旧・文華大屋）
Casa da Cheang（Casa do Mandarim）
開館時間：9:00 ～ 18:00（一時閉鎖中）
住所：10 Travessa de António da Silva ／龍東左巷 10 号

■旧・中西薬局（寶聲電業行）
Antiga Farmácia Sino-Europeia
住所：80 Rua das Estalagens ／草堆街 80 号

■澳門日報（濠鏡閲書報社址）
Jornal Ou Mun
住所：Rua de Pedro Nolasco da Silva ／伯多祿局長街
http://www.macaodaily.com

■ホテル・セントラル／新中央酒店
Hotel Central
客室数：163 室
住所：264-270 Avenida de Almeida Ribeiro ／亞美打利庇盧大馬路 264-270 号
TEL：28373888　FAX：28372404

■旧・国際ホテル／國際酒店旧址
Formerly International Hotel
住所：Avenida de Almeida Ribeiro ／亞美打利庇盧大馬路

■ヴァスコ・ダ・ガマ庭園／華士古達嘉馬公園
Jardim Vasco da Gama
開園時間：終日
住所：Estrada Da Vitoria, Calçada do Gaio, Rua Ferreira do Amaral ／得勝馬路、東望洋斜巷、東望洋街

■同善堂病院
Clinica de Associação Beneficência Tung Sin Tong
住所：55 Rua de Camilo Pessanha ／庇山耶街 55 号
TEL：28922022　FAX：28924017

■同善堂第二病院（旧・アヘン倉庫）／同善堂第二診所
Segunda Clinica da Associação Beneficência Tung Sin Tong
住所：273 Rua das Lorchas ／火船頭街
TEL：28938963

■女媧廟
Templo Nüwa
住所：Rua das Estalagens ／草堆街

■「留聲歳月」音響博物館（太平電器）
Som de um Século - Museu de Antiguidades Electrónicas e Fonógrafos
開館時間：11:00 ～ 17:00（要予約）
入館料：30 パタカ
住所：3/F, 13-15 Rua das Estalagens ／草堆街 13-15 号 3 樓
TEL：28921389 / 28920230
FAX：28920257
E-mail：support@tai-peng.com
http://www.tai-peng.com

■康公廟
Hong Kung Miu
住所：Rua Cinco de Outubro ／十月初五街（十月初五日街）

■平安戯院旧址
Alhambra Theatre
住所：Avenida de Almeida Ribeiro ／亞美打利庇盧大馬路

■新華大旅店
SanVa Hotel
客室数：39 室
住 所：65-67 Rua da Felicidade ／ 福 隆 新 街 65-67 号
TEL：28573701
E-mail：info@sanvahotel.com
http://www.sanvahotel.com

■清平戯院旧址
Teatro Cheng Peng
住所：Travessa da Felicidade ／福隆新巷

■初級法院大楼（初級法庭）
Tribunal Judicial de Base（Chu Ji Fa Yuan）
住所：459 Avenida da Praia Grande ／南灣大馬路 459 号

■東方葡萄牙学会（東方ポルトガル学会）
Instituto Português do Oriente
住 所：45-1 Rua de Pedro Nolasco da Silva ／伯多祿局長街 45-1 号
TEL：28530227　FAX：28530277
E-mail：info.macau@ipor.org.mo
http://www.ipor.org.mo

■大西洋銀行
Banco Nacional Ultramarino
営業時間：
住所：22 Avenida Almeida Ribeiro ／亞美打利庇盧大馬路 22 号（新馬路）
TEL：28335533
http://www.bnu.com.mo

■ポルトガル領事館（旧・聖ラファエロ病院）／葡萄牙駐港澳総領事館（聖辣非医院大楼）
Consulado Geral de Portugal em Macau e Hong Kong（Antigo Hospital de São Rafael）
開館時間：9:00 ～ 13:00、14:30 ～ 17:00
休館日：土曜、日曜
住所：45 Rua de Pedro Nolasco da Silva ／伯多祿局長街 45 号
TEL：28356660 / 28356661 / 28356662
FAX：28356658
E-mail：mail@macau.dgaccp.pt
http://www.secomunidades.pt

■ポルトガル領事官邸（旧・ベラヴィスタホテル）／葡萄牙駐澳門總領事官邸（前峰景酒店）
Residência do Cônsul de Portugal em Macau（ex-Hotel Bela Vista）
住所：8-10 Rua do Comendador Kou Ho Neng ／高可寧紳士街 8-10 号南

■聖サンチャ宮殿（旧・ポルトガル総督邸）／聖珊澤宮（竹仔室前総督官邸）
Palácio de Santa Sancha（Residência dos ex-Governadores Portugueses）
住所：Estrada de Sata Sancha ／西望洋山聖珊澤馬路

■三街会館（関帝廟）
Sam Kai Vui Kun（Templo de Kuan Tai）
開館時間：8:00 ～ 18:00
住 所：Rua Sul do Mercado de São Domingos ／公局新市南街（議事亭前地左側）
TEL：83996699

■ドミンゴ市場／営地街市市政総合大楼
Complexo Municipal do Mercado de São Domingos
営業時間：7:30 ～ 20:00（店舗により異なる）
住所：Rua Leste do Mercado de São Domingos ／公局新市東街

■大豊銀行（域多利戯院旧址）
Banco Tai Fung de Macau（ex-Teatro Victoria）
住所：Avenida Almeida Ribeiro ／亞美打利庇盧大馬路（新馬路）
http://www.taifungbank.com

■保安警察博物館
Museu das Forças de Segurança de Macau
開館時間：月～金 8:30 ～ 18:30 土・日・祝 9:00 ～ 17:00
入館料：無料
住　所：Direcção dos Serviços das Forças de Segurança de Macau, Calçada dos Quartéis ／兵營斜巷澳門保安部隊事務局
TEL：28559999
http://www.fsm.gov.mo/dsfsm/exhibit.htm

■嶺南中学弁公大楼（旧・快楽宮）
Escola Secundária Leng Nam
住所：Estrada dos Parses ／松山白頭馬路
TEL：28573377 / 28572778 / 28557722
FAX：28572778

■連合国大学澳門軟件中心
Centro de Informtica das Naes Unidas em Macau
住所：Estrada dos Parses ／白頭馬路

■澳門欧州研究学会（IEEM）
Instituto de Estudos Europeus de Macau
住所：6 Calada do Gaio ／東望洋斜巷 6 号
http://www.ieem.org.mo

■聖ラザロ教会／聖望徳聖母堂
Igreja de São Lázaro
拝観時間：7:30 ～ 17:30
住所：Calçada de Igreja de São Lázaro ／瘋堂斜巷

■旧・仁慈堂婆仔屋（藝竹苑）
Albergue da Santa Casa da Misericórdia de Macau（Albergue SCM）
住所：8 Calçada da Igreja de São Lázaro ／瘋堂斜巷 8 号
TEL：28522550

■聖ミカエル墓地／聖味基墳場
Cemitério São Miguel Arcanjo
住所：Estrada do Cemiterio ／西墳馬路

■青少年展芸館
Pavilhão de Exposições e Espectáculos Artísticos para Jovens
開館時間：12:00 ～ 20:00
休館日：月曜
住　所：Rua Filipe O'Costa, Edifício Caixa Escolar ／高偉樂街助學會大樓
TEL：28562801 / 28565463
FAX：28563644
E-mail：peeaj@dsej.gov.mo
http://www.dsej.gov.mo/peeaj

■東方葡萄牙学会葡文書局（リヴラリア・ポルトゲッサ書店）
Instituto Português do Oriente - Livraria Portuguesa
開館時間：11:00 ～ 19:00
休館日：日曜
住所：18-20 Rua de São Domingos R/C ／板樟堂前地 18-20 号
TEL：28566442

■ポルトガルの家／澳門葡人之家
Casa de Portugal
住所：26-28 Rua de Pedro Nolasco da Silva ／伯多祿局長街 26-28 号
TEL：28726828　FAX：28726818
E-mail：portugal@macau.ctm.net

■国華戲院旧址
Centro Comerical Teatro
住所：Rua de Pedro Nolasco da Silva ／伯多祿局長街

■聖公会葵高中学校
Sheng Kung Hui Escola Choi Kou
住　所：266 Avenida A Dr. Francisco Vieira Machado ／馬楂度博士大馬路 266 号
TEL：28341791　FAX：28353471
E-mail：skhcks@macau.ctm.net
http://www.choikou.edu.mo

■王禄大屋（現・電子遊戯中心）
Casa de Wang Lu（Centro de Máquina de Diversões）
住所：Travessa dos Anjos ／天神巷

■テアトロ・マカオ／澳門大会堂
Cineteatro Macau
住所：19 Rua de Santa Clara, 1°andar ／嘉辣堂街 19 号
TEL：28572050 / 28323209
FAX：28346167 / 28322976
E-mail：shalom@peacemacau.org
http://www.peacemacau.org

■サンタ・ローザ・デ・リマ女子中学／聖羅撒女子中学
Colégio de Santa Rosa de Lima
住所：21 Rua de Santa Clara ／嘉辣堂街 21 号
TEL：28713702 / 28565414
FAX：28309402
http://www.santarosasc.edu.mo

FAX：28827102
E-mail：dic@iacm.gov.mo
http://www.iacm.gov.mo/museum

■澳門演芸学院大楼
Conservatório de Macau
住所：14-16 Avenida de Horta e Costa ／高士德大馬路 14-16 号
TEL：28571207 / 28571208
FAX：28523483
E-mail：info.cm@icm.gov.mo
http://www.icm.gov.mo/Cons

■鏡湖医院
Kiang Wu Hospital
住所：Estrada Coelho do Amaral ／連勝街
TEL：28371333　FAX：28347752
E-mail：kwprd@macau.ctm.net
http://www.kwh.org.mo

■消防博物館
Museu dos Bombeiros
開館時間：10:00 ～ 18:00
入館料：無料
住所：2-6 Estrada Coelho do Amaral ／連勝馬路 2-6 号
TEL：83960319

■永楽戯院
Alegria Cinema（Wing Lok Cinema）
住所：85D-85F Estrada do Repouso ／鏡湖馬路 85 号 D-F
TEL：28372847

■蓮渓廟
Pagode Lin Kai Mio（Templo de Lin Kai Miu）
住所：Travessa da Corda ／大纜巷

■紅街市大楼
Edifício do Mercado Vermelho（Mercado Almirante Lacerda）
開館時間：7:30 ～ 19:30
住所：Avenida de Horta e Costa ／高士德大馬路

■モンハの砦／望廈砲台
Fortaleza de Mong-Há
住所：Colina de Mong-Há ／望廈山

■中央図書館
Biblioteca Central de Macau
開館時間：10:00 ～ 20:00
住　所：89 Avenida do Conselheiro Ferreira de Almeida ／荷蘭園大馬路 89 号 A-B
TEL：28567576 / 28558049
FAX：28318756
E-mail：Info.BC@icm.gov.mo
http://www.library.gov.mo

■澳門歴史檔案館
Arquivo Histórico de Macau
開館時間：月～金 9:30 ～ 18:30 土 13:00 ～ 18:00
休館日：日曜、祝日
住　所：91-93 Avenida Conselheiro Ferreira de Almeida ／荷蘭園大馬路 91-93 号
TEL：28592919　FAX：28561495
E-mail：info.ah@icm.gov.mo
http://www.archives.gov.mo

■塔石ギャラリー／塔石芸文館
Galeria Tap Seac
開館時間：10:00 ～ 19:00
入館料：無料
住　所：Praca do Tap Seac, Edif. do Instituto Cultural ／塔石廣場文化局大樓
TEL：28366866　FAX：28366899
E-mail：Webmaster.Man@icm.gov.mo
http://www.macauart.net/TS

■マカオ・オーケストラ／澳門楽団
Orquestra de Macau
住　所：95A Avenida Conselheiro Ferreira de Almeida ／荷蘭園大馬路 95 号 A
TEL：28532000　FAX：28530666
E-mail：ocm@icm.gov.mo
http://www.icm.gov.mo/om

■リッチ学院／澳門利氏学園
Instituto Ricci de Macau
住　所：95E Avenida Conselheiro Ferreira de Almeida ／荷蘭園大馬路 95 号 E
TEL：28532536　FAX：28568274
E-mail：info@riccimac.org
http://www.riccimac.org

■澳門茶文化館
Casa Cultural de Chá de Macau
開館時間：9:00 ～ 19:00
休館日：月曜
入館料：無料
住　所：Jardim Lou Lim Ieoc, 10 Est Adolfo Loureiro ／荷蘭園大馬路 10 号（盧廉若公園内）
TEL：28586250 / 28827103

■耶蘇寶血女修院大楼（現・マカオ金融管理局）
Edifício do Convento das Religiosas do Precioso Sangu (Autoridade Monetária de Macau)
住所：3 Estrada dos Parses ／松山白頭馬路 3 号

■カルモ教会／嘉模聖母堂
Igreja de Nossa Senhora do Carmo
住所：Largo do Carmo, Taipa ／氹仔嘉模前地

■サンフランシスコ教会／望廈聖方濟各小堂
Capela de São Francisco Xavier
住所：Rua de Francisco Xavier Pereira ／俾利喇街

■通訊博物館
Museu das Comunicações
開館時間：9:30 ～ 17:30
休館日：月曜
入館料：10 パタカ
住所：7 Estrada de Dona Maria II ／馬交石炮台馬路 7 号
TEL：28718063　FAX：28718018
E-mail：info@macao.communications.museum
http://macao.communications.museum

■馬交石砲台跡
Fortaleza de Dona Maria II
開園時間：7:00 ～ 19:00
入園料：10 パタカ
住所：Colina de Dona Maria II ／馬交石山頂
※一時閉鎖中

■マカオ芸術博物館／澳門芸術博物館
Museu de Arte de Macau
開館時間：10:00 ～ 18:30
休館日：月曜
入場料：5 パタカ（日曜無料）
住所：Centro Cultural de Macau, Avenida Xian Xing Hai, S/N, NAPE ／新口岸冼星海大馬路（澳門文化中心）
TEL：87919814 / 87919800 / 87919802
http://www.artmuseum.gov.mo
http://www.ccm.gov.mo

マカオの基本情報

政体：1999 年の施政権返還後は、香港と同様に一国二制度に基づき中華人民共和国澳門特別行政区となっている

面積：29.2m²

人口：52 万人

人口の 94%は中国人

公用語：中国語とポルトガル語。英語もかなり通じる。

通貨：通貨はパタカ。香港ドルよりややレートは安く 100 香港ドルが 103.2 パタカ。だが、香港ドルと等価で使われるケースが多い。

日本との時差：日本とは 1 時間遅れ

ビザ：90 日までの滞在はビザが不要。パスポートの残存期限は「30 日プラス滞在日数」が必要

気候：亜熱帯地方で高温多湿。夏は暑く、冬でもかなり暖かい。夏場は雨も多い。

	平均最高気温（℃）	平均最低気温（℃）	平均降水量（mℓ）
1月	17.7	12.2	32.4
2月	17.7	13.1	58.8
3月	20.7	16.2	82.7
4月	24.5	20.2	217.4
5月	28.1	23.5	361.9
6月	30.3	25.7	339.7
7月	31.5	26.3	300.0
8月	31.2	26.0	351.7
9月	30.0	24.9	194.2
10月	27.4	22.3	116.9
11月	23.4	17.8	42.6
12月	19.6	13.8	35.2

情報源：マカオ観光局

MGTO Representatives

業務時間：10:00 ～ 12:00、13:00 ～ 17:00 (土日祝祭日を除く)

住所：東京都千代田区麹町 3-5-5 サンデンビル 3F　(〒 102-0083)

TEL：03-5275-2537　FAX：03-5275-2535

E-mail：info@macautourism.jp

http://www.macautourism.jp

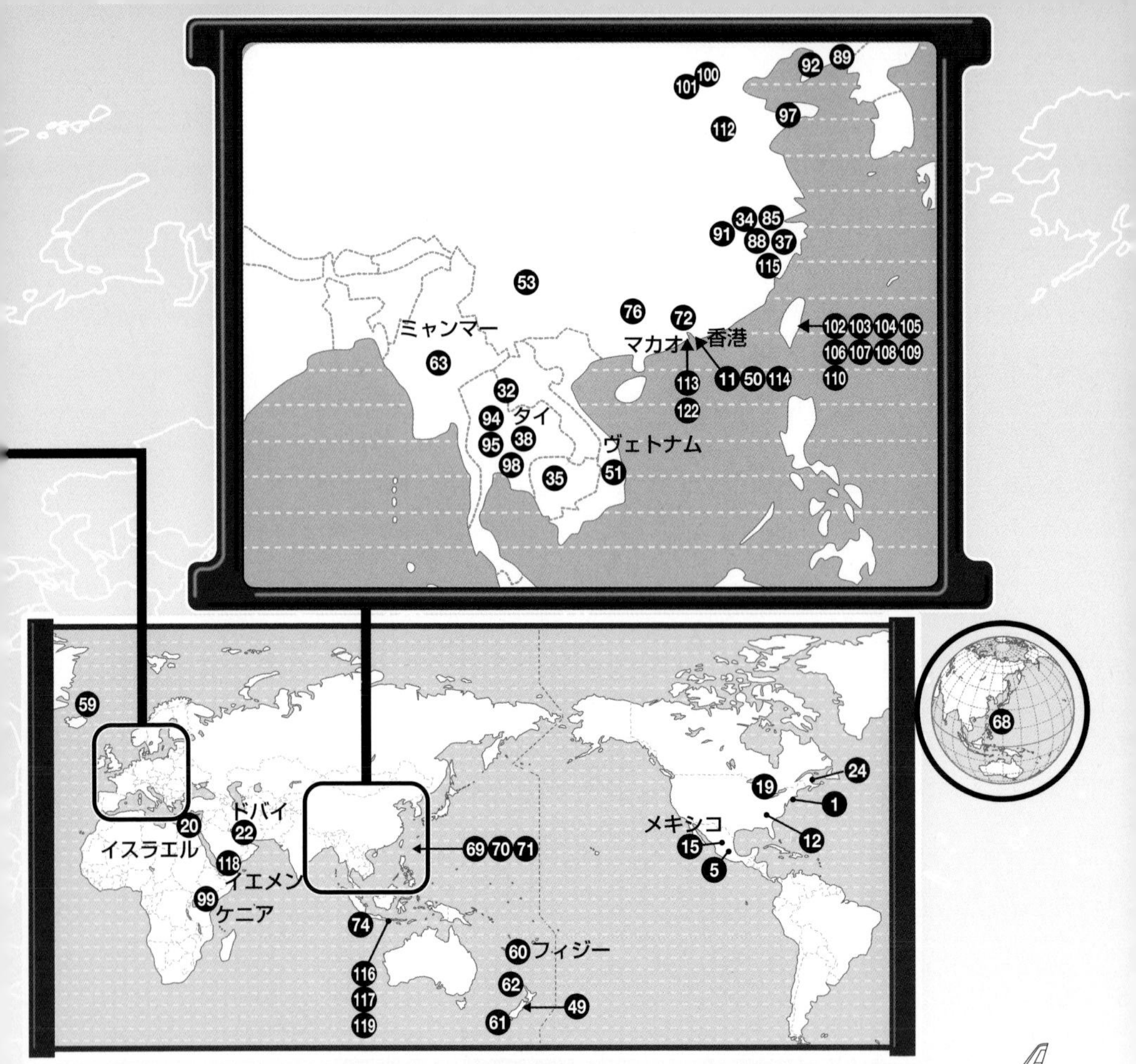

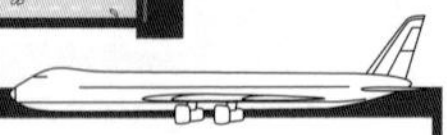

O.67　ウィーン
O.68　リッツ・カールトン物語
O.69　アジアのホテル
O.70　アジアのゴルフ場 東南アジア編
O.71　アジアのゴルフ場 中国・東アジア編
O.72　広州・開平と広東省
O.73　ベルギーの田舎町
O.74　ボロブドゥール遺跡・ジャワ島
O.75　セントアンドリュース物語
O.76　桂林・貴州省・海南島
O.77　イギリス陶磁器紀行
O.78　イギリス庭園紀行　上
O.79　イギリス庭園紀行　下
O.80　ベルリン／ドレスデン
O.81　スイス・アルプス紀行　東部編
O.82　ロンドンのホテル
O.83　ロンドン近郊・南イングランド
O.84　クロアチア/スロヴェニア/ボスニア・ヘルツェゴヴィナ モンテネグロ
O.85　上海のホテル
O.86　スイス・アルプスらくらく散歩
O.87　ルーマニア
O.88　上海歴史散歩
NO.89　大連と中国・東北のホテル
NO.90　スイスの田舎町
NO.91　黄山らくらく散歩
NO.92　大連と中国・東北歴史散歩
NO.93　ロンドンのアンティーク
NO.94　タイのホテル
NO.95　タイのスパ
NO.96　ミラノ・イタリア湖水地方
NO.97　青島と山東半島
NO.98　タイ料理紀行
NO.99　ケニア
NO.100　北京歴史散歩
NO.101　北京のホテル
NO.102　台湾のホテル
NO.103　台湾の温泉＆スパ
NO.104　台南
NO.105　台中・新竹・日月潭・台湾中西部
NO.106　高雄と台湾最南端
NO.107　金門島・澎湖諸島
NO.108　台湾東海岸と基隆
NO.109　九份・淡水・桃園と台北近郊
NO.110　台北歴史散歩
NO.111　ザルツブルク
NO.112　泰山・曲阜と山東省内陸部
NO.113　マカオ歴史散歩
NO.114　香港歴史散歩
NO.115　寧波・天台・金華と浙江省南部
NO.116　バリ島のホテル
NO.117　バリ島のスパ
NO.118　イエメン
NO.119　バリ島紀行
NO.120　ブルガリア
NO.121　ブリュッセル歴史散歩
NO.122　マカオ滞在旅行

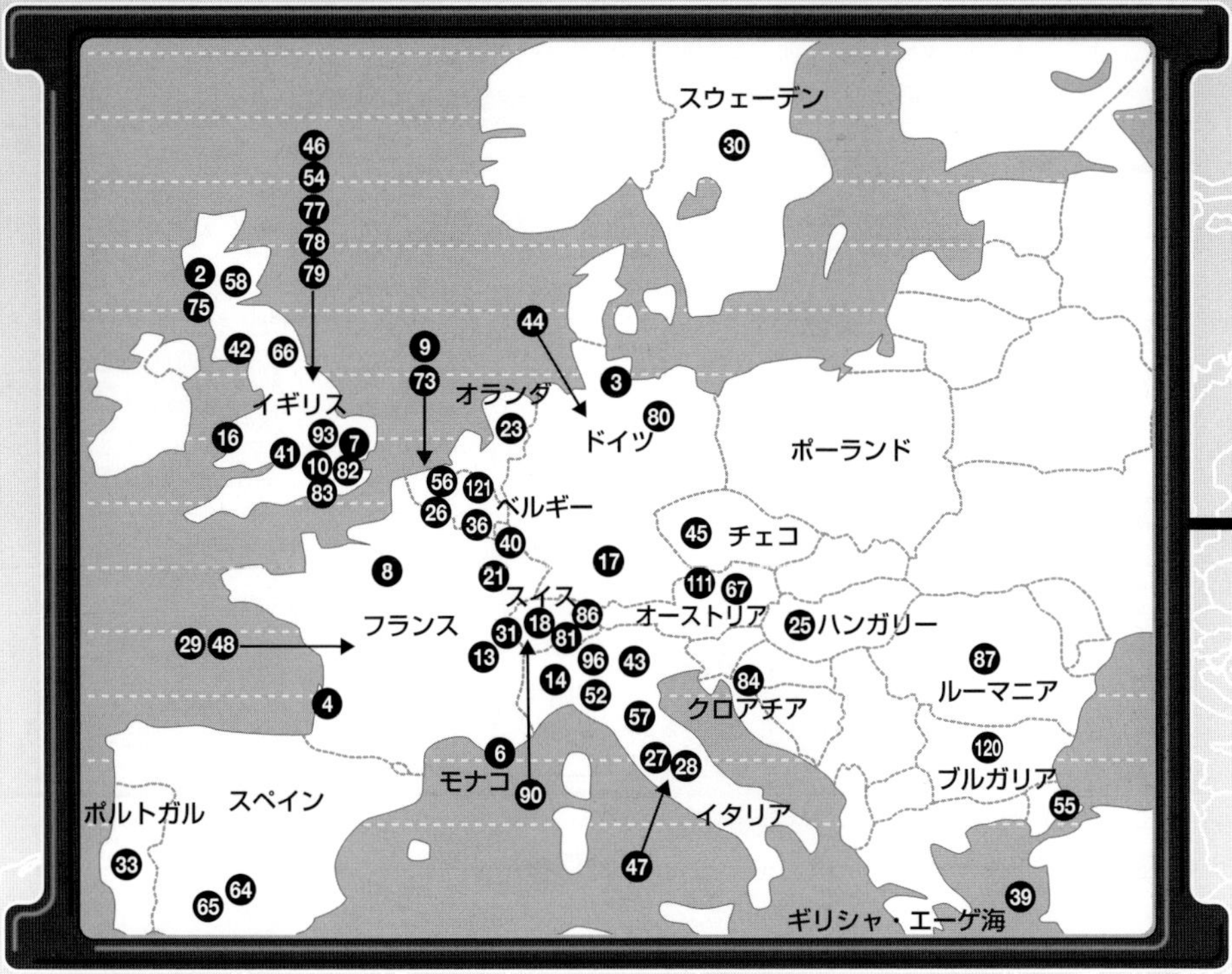

旅名人ブックス

全122冊一覧

NO.1 ニューヨーク美食紀行
NO.2 スコッチウイスキー紀行
NO.3 北ドイツ
NO.4 ボルドー
NO.5 メキシコ古代遺跡とカンクン
NO.6 モナコ公国
NO.7 ケンブリッジ・東イングランド
NO.8 イル・ド・フランス
NO.9 ベルギー美食紀行
NO.10 ロンドン美食ガイド
NO.11 香港飲茶ガイド
NO.12 ワシントンDC/バージニア メリーランド
NO.13 ブルゴーニュ
NO.14 トリノ/北西イタリア/サヴォワ地方
NO.15 メキシコ・中央高原
NO.16 ウェールズ
NO.17 ドイツ・バイエルン州
NO.18 スイス・アルプス紀行 中央部編
NO.19 トロント/ナイアガラ/中央カナダ
NO.20 イスラエル
NO.21 シャンパーニュ
NO.22 ドバイ
NO.23 オランダ
NO.24 プリンス・エドワード島と東カナダ
NO.25 ハンガリー
NO.26 ベルギー・フランダース
NO.27 トスカーナ・ワイン紀行
NO.28 トスカーナ・都市紀行
NO.29 フランスの田舎町
NO.30 スウェーデン
NO.31 ジュネーブとレマン湖地方
NO.32 タイ／ラオス歴史紀行
NO.33 ポルトガル
NO.34 蘇州・南京と江蘇省
NO.35 アンコール・ワット
NO.36 ベルギー南部ロマン紀行
NO.37 杭州と紹興
NO.38 タイ雑貨紀行
NO.39 ギリシャ・エーゲ海
NO.40 ルクセンブルク
NO.41 コッツウォルズ・西イングランド
NO.42 イギリス湖水地方
NO.43 ヴェネチア・北東イタリア
NO.44 ドイツの田舎町
NO.45 プラハ・チェコ
NO.46 イギリスの田舎町
NO.47 イタリアの田舎町
NO.48 フランス田舎のプチホテル
NO.49 ニュージーランド豪華ロッ
NO.50 香港雑貨店ガイド
NO.51 ヴェトナム
NO.52 ジェノヴァとリヴィエラ海
NO.53 中国・雲南地方
NO.54 イギリス田舎のホテル
NO.55 イスタンブール・西北トル
NO.56 フランドル美術紀行
NO.57 ボローニャ／パルマ／ポー川流
NO.58 スコットランド
NO.59 アイスランド・フェロー諸島・グリーンラ
NO.60 フィジー
NO.61 ニュージーランド南島
NO.62 ニュージーランド北島
NO.63 ミャンマー
NO.64 アルハンブラ宮殿
NO.65 アンダルシア
NO.66 北イングランド

NO.11

この一冊であなたも飲茶通
香港飲茶ガイド
本場で味わう
「味」の芸術品
定価 1890円
（本体1800円＋税5%）
—第4版—

NO.12

あなたの知らない
アメリカがある
ワシントンDC/バージニア メリーランド
建国史の舞台を歩く
定価2100円
（本体2000円＋税5%）
—第2版—

NO.13

「神が授けた土地」に
育ったワインと歴史
ブルゴーニュ
ワインとグルメと歴史にひたる
定価1890円
（本体1800円＋税5%）
—第4版—

NO.14

仏・伊にまたがったサヴォイア家の旧領を歩く
トリノ/北西イタリア/サヴォワ地方
近代イタリアのルーツ
定価 1890円
（本体1800円＋税5%）
—第3版—

NO.15

「世界文化遺産の宝庫」
を知る旅
メキシコ・中央高原
コロニアル・シティーの魅力
定価 1995円
（本体1900円＋税5%）
—第2版—

NO.16

素晴らしい自然と
独自の文化
ウェールズ
英国の中の“異国”を歩く
定価 1995円
（本体1900円＋税5%）
—第3版—

NO.17

ロマンティック街道の
本当の魅力
ドイツ・バイエルン州
中世に開花した
南ドイツの都市物語
定価 1890円
（本体1800円＋税5%）
—第4版—

NO.18

高い峰の間に隠れた
真珠のような町々
スイス・アルプス紀行 中央部編
美しい山並みに
酔いしれる
定価 1890円
（本体1800円＋税5%）
—第3版—

NO.19

大自然、開拓史、多民族…
カナダのすべてがここに詰まっている
トロント/ナイアガラ/中央カナダ
水辺と大平原の物語
定価 1680円
（本体1600円＋税5%）
—第2版—

NO.20

不思議な国への旅立ち
イスラエル
世界史の舞台となった
聖地
定価 1890円
（本体1800円＋税5%）
—第4版—

旅名人ブックス既刊

NO.26

「世界の中心」だった中世の町々

ベルギー・フランダース

中世ヨーロッパ史の縮図

定価 1680円
（本体1600円＋税5%）

—第4版—

NO.27

キャンティからスーパートスカーナまで

トスカーナ・ワイン紀行

イタリアの田園を味わう

定価 1680円
（本体1600円＋税5%）

—第3版—

NO.28

フィレンツェが最も栄えた時代

トスカーナ・都市紀行

イタリアルネサンスの舞台

定価 1680円
（本体1600円＋税5%）

—第3版—

NO.29

パリでは味わえない
フランスの魅力

フランスの田舎町

芸術家たちが愛した風景

定価1890円
（本体1800円+税5%）

—第4版—

NO.30

「ニルスの不思議な
冒険」を体感

スウェーデン

大自然が呼吸する白夜の国

定価 1890円
（本体1800円＋税5%）

—第3版—

NO.21

メゾン巡りに必携

シャンパーニュ

金色に輝く
シャンパンの故郷へ

定価 1890円
（本体1800円＋税5%）

—第3版—

NO.22

アラビア半島にこつ然と
現れた高級リゾート

ドバイとアラブ首長国連邦

海と砂漠で遊ぶ究極のリゾートシティー

定価2100円
（本体2000円+税5%）

—第6版—

NO.23

世界を席巻した
海洋王国の遺産

オランダ

栄光の“17世紀”を行く

定価2100円
（本体2000円+税5%）

—第4版—

NO.24

カナダはここから始まった

プリンス・エドワード島と東カナダ

『赤毛のアン』の故郷と
カナダのルーツをたどる

定価1680円
（本体1600円+税5%）

—第2版—

NO.25

華麗な街並みと
建国の足跡

ハンガリー

“千年王国”への旅

定価 1890円
（本体1800円＋税5%）

—第4版—

NO.31

文人、王族富豪が愛した
国際リゾート地
ジュネーブとレマン湖地方
山と湖に囲まれた安らぎの地
定価 1680円
（本体1600円＋税5%）
—第2版—

NO.32

東南アジアが
見えてくる
タイ/ラオス歴史紀行
世界遺産とアジア文化の旅
定価 1890円
（本体1800円＋税5%）
—第3版—

NO.33

欧州史の足跡を訪ね、
ポート・ワインに酔う
ポルトガル
大航海時代のルーツを探る
定価 2415円
（本体2300円＋税5%）
—第3版—

NO.34

中国史と漢詩の世界に浸る
蘇州・南京と江蘇省
上海周辺の水郷地帯の
美しき町々
定価2100円
（本体2000円＋税5%）
—第3版（分割新版）—

NO.35

世界遺産
アンコール遺跡が分る
アンコール・ワット
密林に眠っていた巨大遺跡
定価 2310円
（本体2200円＋税5%）
—第4版—

NO.36

“フランス風”の魅力溢れる
もう一つのベルギー
ベルギー南部ロマン紀行
ワロンの小さな町と古城・グルメの旅
定価 1680円
（本体1600円＋税5%）
—第2版—

NO.37

中国を代表する
古都の魅力
杭州と紹興
近代中国文化のルーツ
定価2100円
（本体2000円＋税5%）
—第3版（分割新版）—

NO.38

欧米で人気の
アジアン雑貨・癒しの旅
タイ雑貨紀行
アジアの道具、家具の魅力を探る
定価 1680円
（本体1600円＋税5%）
—第3版—

NO.39

神話を生み出した
海の文明の故郷
ギリシャ・エーゲ海
古代文明を生んだ魅力的な島々
定価 1890円
（本体1800円＋税5%）
—第3版—

NO.40

個人の所得世界一の国の
秘密
ルクセンブルク
華麗なる小国を歩く
定価 1890円
（本体1800円＋税5%）
—第2版—

旅名人ブックス既刊

NO.46

ロンドンとは一味違う、
もう一つの英国
イギリスの田舎町
森と緑と田園風景に心安らぐ旅
定価 1890円
（本体1800円＋税5%）
—第2版—

NO.47

大都市にはない、
イタリアの素顔を発見
イタリアの田舎町
旅先で見つけた魅力的な街並み
定価1890円
（本体1800円＋税5%）
—第3版—

NO.48

素敵な旅はホテル選びから
フランス田舎の
プチホテル
小さな町の素敵な宿
定価 1680円
（本体1600円＋税5%）
—第3版—

NO.49

贅沢な田舎の旅宿
ニュージーランド
豪華ロッジ
自然の中の素敵な宿に泊まる
定価 1890円
（本体1800円＋税5%）
—第3版—

NO.50

香港の現代人から学ぶ、
新ショッピング
香港雑貨店ガイド
生活小物から家具、骨董まで
定価1890円
（本体1800円＋税5%）
—第3版—

NO.41

イギリスの田舎が凝縮
コッツウォルズ・
西イングランド
英国を代表する田園風景
定価2100円
（本体2000円＋税5%）
—第3版—

NO.42

自然とイギリス文学の旅
イギリス湖水地方
ワーズワースの詩とピーター・ラビットの世界に浸る
定価 1890円
（本体1800円＋税5%）
—第2版—

NO.43

ヴェネチアの影響を
受けた町々へ
ヴェネチア・北東イタリア
海洋都市国家の足跡
定価 2100円
（本体2000円＋税5%）
—第3版—

NO.44

ドイツ各地の魅力的な
町が一挙に集合
ドイツの田舎町
ヨーロッパ史の舞台を歩く
定価 1890円
（本体1800円＋税5%）
—第3版—

NO.45

美しさNo.1の中欧の
プラハ・チェコ
中世の面影を残す
中欧の町々
定価 2100円
（本体2000円＋税5%）
—第4版—

NO.56

中世フランドル絵画から
現代美術まで
フランドル美術紀行
ベルギー「美の巨匠」との出会い
定価 1890円
（本体1800円＋税5%）
—第2版—

NO.57

すてきな町の再発見
ボローニャ/パルマ/ポー川流域
イタリアとイタリア史の縮図
定価 1890円
（本体1800円＋税5%）
—第2版—

NO.58

スコットランド
旅の三部作完結
スコットランド
歴史と文化、自然を満喫する
定価 2100円
（本体2000円＋税5%）
—第2版—

NO.59

不思議な国への旅立ち
アイスランド/フェロー諸島/グリーンランド
素晴らしき自然景観とオーロラの魅力
定価 2100円
（本体2000円＋税5%）
—第3版—

NO.60

心が洗われる島
フィジー
南太平洋の「十字路」で
癒される
定価1890円
（本体1800円+税5%）
—第2版—

NO.51

いま人気の
ヴェトナムに浸る
ヴェトナム
魅惑の「インドシナの宝石」
定価 1890円
（本体1800円＋税5%）
—第3版—

NO.52

世界遺産の
チンクエ・テッレも大公開
ジェノヴァとリヴィエラ海岸
イタリアンリゾート至福の旅
定価1680円
（本体1600円＋税5%）
—第2版—

NO.53

日本文化のルーツと
出会う
中国・雲南地方
“桃源郷”の魅力を探る
定価 1890円
（本体1800円＋税5%）
—第2版—

NO.54

ロンドンでは味わえない
「旅の宿」発見
イギリス田舎のホテル
田園の恵みを満喫する
定価1890円
（本体1800円＋税5%）
—第2版—

NO.55

人気のイスタンブールと
その周辺を網羅
イスタンブール・西北トルコ
東西の十字路を巡る
定価 2100円
（本体2000円＋税5%）
—第3版—

旅名人ブックス既刊

NO.66

古代から現代までの
イギリスが楽しめる
北イングランド
ビートルズから世界遺産まで

定価2100円
（本体2000円＋税5%）

NO.67

中欧の魅力を凝縮した
ウィーン
文化都市8つの物語

定価1890円
（本体1800円＋税5%）
—第3版—

NO.68

こんなホテルに泊まりたい！
リッツ・カールトン物語
超高級ホテルチェーンの
すべて

定価1995円
（本体1900円＋税5%）
—第4版—

NO.69

“夢のホテル”に泊まる
アジアのホテル
コロニアルな魅力と
歴史に浸る

定価2310円
（本体2200円＋税5%）

NO.70

アジアン・ゴルフで癒される
アジアのゴルフ場
東南アジア編
伝統のゴルフ場から
最新リゾートコースまで

定価2310円
（本体2200円＋税5%）

NO.61

日本人に人気な島
ニュージーランド
南島
大自然が生んだ景観を
満喫する

定価1890円
（本体1800円＋税5%）
—第2版—

NO.62

ニュージーランド史が凝縮
ニュージーランド
北島
自然の造形美と
マオリ文化に浸る

定価1890円
（本体1800円＋税5%）
—第2版—

NO.63

心が洗われ、癒される旅
ミャンマー
仏教遺跡の宝庫を歩く

定価1890円
（本体1800円＋税5%）
—第2版—

NO.64

グラナダ、コルドバ、
セビリアを巡る旅
アルハンブラ宮殿
南スペイン三都物語

定価1890円
（本体1800円＋税5%）
—第2版—

NO.65

大都市から小さな村まで
一挙紹介
アンダルシア
スペインの魅力が凝縮した土地

定価2100円
（本体2000円＋税5%）
—第2版—

NO.76

自然と人が織り成す桃源郷

桂林・貴州省・海南島

山水画の世界と
民族文化の旅

定価1680円
（本体1600円＋税5%）

NO.77

人気のブランドを見て歩く

イギリス陶磁器紀行

華麗なる王室御用達の
世界

定価1890円
（本体1800円＋税5%）
—第2版—

NO.78

ロイヤル・ガーデンの数々

イギリス庭園紀行　上

ロンドンから始める
庭と歴史の旅

定価2100円
（本体2000円＋税5%）

NO.79

それぞれの風土に溶けこんだ庭

イギリス庭園紀行　下

田園地帯の庭に見る
イギリス人の理想郷

定価2310円
（本体2200円＋税5%）

NO.80

ドイツ近現代史の舞台

ベルリン／ドレスデン

ドイツを牽引した
文化都市

定価2100円
（本体2000円＋税5%）

NO.71

中台韓のゴルフ場をまわる

アジアのゴルフ場
中国・東アジア編

ゴルファーを魅了する
最新コース情報

定価2310円
（本体2200円＋税5%）

NO.72

中国海の玄関口と美食の旅

広州・開平と広東省

中国近代史の
足跡をたどる

定価1995円
（本体1900円＋税5%）
—第2版（分割新版）—

NO.73

心安らぐ小さな80の町村

ベルギーの田舎町

大都会を離れ、
新しい世界を発見する

定価2100円
（本体2000円＋税5%）

NO.74

神秘の仏教・ヒンズー遺跡

ボロブドゥール遺跡・ジャワ島

海のシルクロードで栄えた
インドネシア王国

定価1890円
（本体1800円＋税5%）

NO.75

ゴルフ愛好家の必読書

セントアンドリュース物語

ゴルフの聖地を訪ねて

定価2310円
（本体2200円＋税5%）

—第2版—

NO.96

イタリアの魅力を凝縮

ミラノ・イタリア湖水地方

内陸で栄えた水上都市と
世界を魅了する絶景

定価2100円
（本体2000円＋税5%）

NO.97

ビールの名所の歴史散歩

青島と山東半島

“ドイツの模範植民都市”の
虚像・実像

定価2100円
（本体2000円＋税5%）

NO.98

高級店から町のレストランまで

タイ料理紀行

人気の店を食べ尽くす

定価1890円
（本体1800円＋税5%）

NO.99

アフリカの魅力が集中

ケニア

動物王国の魅力に接する

定価2100円
（本体2000円＋税5%）

―第2版―

NO.100

6つの世界遺産がある都市めぐり

北京歴史散歩

中国史の表舞台を
見てまわる

定価2100円
（本体2000円＋税5%）

NO.91

明・清の時代にタイムスリップ

黄山らくらく散歩

山水画のような山々と
世界遺産の村々

定価2100円
（本体2000円＋税5%）

NO.92

日本人には昔懐かしい町々

大連と中国・東北歴史散歩

ノスタルジックな街並みから
日中交流史を知る

定価2100円
（本体2000円＋税5%）

NO.93

本書を片手に掘り出し物を発見!

ロンドンのアンティーク

本場イギリスで
骨董品店めぐり

定価2100円
（本体2000円＋税5%）

NO.94

タイのホテル情報の決定版

タイのホテル

癒しの国を泊まり歩く

定価2100円
（本体2000円＋税5%）

NO.95

タイで評判のスパを満載

タイのスパ

日常を忘れ極楽気分で
癒やされる

定価1890円
（本体1800円＋税5%）

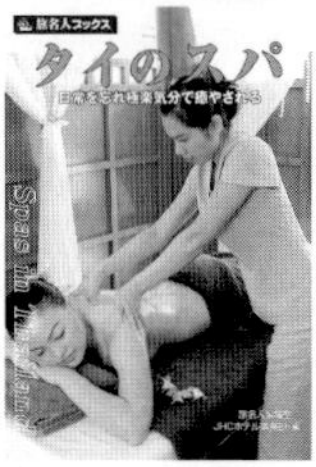

旅名人ブックス既刊

NO.106

直行便で行くもう1つの地

高雄と台湾最南端

歴史遺産から
リゾートまで

定価1890円
（本体1800円＋税5%）

NO.107

豊かな自然と歴史遺産

金門島・澎湖諸島

島の魅力を満喫する

定価2100円
（本体2000円＋税5%）

NO.108

壮大な景観を満喫

台湾東海岸と基隆

台湾の原風景を味わう

定価2100円
（本体2000円＋税5%）

NO.109

台北から日帰り旅行

九份・淡水・桃園と台北近郊

歴史遺産の宝庫をめぐる

定価2100円
（本体2000円＋税5%）

NO.110

現代台湾の縮図

台北歴史散歩

日本統治の足跡と
近現代史を探る

定価2100円
（本体2000円＋税5%）

NO.101

ホテルの旬は北京で見える

北京のホテル

世界のブランドが集まる
最前線

定価2100円
（本体2000円＋税5%）

NO.102

100のホテルを網羅

台湾のホテル

ホスピタリティー溢れる
宿に泊まる

定価2100円
（本体2000円＋税5%）

NO.103

温泉ブームの最前線

台湾の温泉&スパ

日本人にも興味深い
新温泉スポット

定価2100円
（本体2000円＋税5%）

NO.104

魅惑の歴史散歩

台南

台湾史のルーツを訪ねる

定価1890円
（本体1800円＋税5%）

NO.105

心温まる町や自然

台中・新竹・日月潭・台湾中西部

“昔懐かしい日本”が残る

定価1890円
（本体1800円＋税5%）

NO.116

最新のリゾートホテルを満載

バリ島のホテル

ビーチリゾートから
田園リゾートまで

定価2100円
（本体2000円＋税5%）

NO.117

バリ島で人気のスパを網羅

バリ島のスパ

魅惑の島で癒やされる

定価1890円
（本体1800円＋税5%）

NO.118

心が洗われる旅

イエメン

「幸福のアラビア」の
原風景

定価2310円
（本体2200円＋税5%）

NO.119

歴史と文化、ふれあいの旅

バリ島紀行

ヒンズーの島で癒やされる

定価2100円
（本体2000円＋税5%）

NO.120

多民族の十字路

ブルガリア

バルカンの原風景

定価2100円
（本体2000円＋税5%）

NO.111

一味違うオーストリア発見

ザルツブルク

音楽と歴史の町を歩く

定価2100円
（本体2000円＋税5%）

NO.112

漢詩・漢文・歴史の故事来歴

**泰山・曲阜と
山東省内陸部**

中国古代史の世界に浸る

定価2100円
（本体2000円＋税5%）

NO.113

日本とゆかりの深い町

マカオ歴史散歩

ヨーロッパとアジアの
十字路

定価2100円
（本体2000円＋税5%）

—第3版（分割新版）—

NO.114

中継貿易都市はこうして生まれた

香港歴史散歩

摩天楼の谷間に残る
史跡

定価1995円
（本体1900円＋税5%）

NO.115

日本の原点が見えてくる

**寧波・天台・金華と
浙江省南部**

日中交流の原点をたどる

定価2100円
（本体2000円＋税5%）

—第3版（分割新版）—

NO.121

ベルギーの縮図

ブリュッセル歴史散歩

中世から続く ヨーロッパの十字路

ベルギー・フランダース地方に囲まれた首都ブリュッセルは住民の圧倒的多数がフランス語を母語にしている。その理由を調べていくとブリュッセルの歴史がよく分かる。ブリュッセルの歴史に特化したこだわりの1冊。

定価2100円
（本体2000円＋税5％）

NO.113

日本とゆかりの深い町

マカオ歴史散歩

ヨーロッパとアジアの 十字路

東アジア最初のヨーロッパ人による“植民地”マカオの誕生から始まりアヘン戦争、中国革命、日中戦争、そして中国への施政権返還までのマカオ史を史跡とともに紹介する異色の書。

—第3版（分割新版）—

定価2100円
（本体2000円＋税5％）

●「旅名人ブックス」は知的好奇心の旺盛な方々にひと味違う余暇の過ごし方を提案する新しいガイドブックです。取り上げるテーマを絞り、美しい写真とストーリー性を重視した記事、実用性の高い情報を満載しています。
●本書が掲載したデータは、2009年8月中旬までに集計したものです。観光スポットの入館料金などは取材後に改訂している可能性もあります。ご利用の時点で観光局に問い合わせするか、ホームページで確認することをおすすめします。

表紙・本文デザイン　Design Office Mori Co.Ltd/ 滝本 茂
地図製作　品田興世揮
編集協力　ツーリズムワールド
企画・編集　日経BP企画 旅名人編集室
取材協力　マカオ観光局・ビバマカオ航空・JHCホテル事業部

【執筆担当】
笠原 美香：下記以外すべて
荻野 純一：P14～32、P59～61、P75～77、P81～83、P86～89、P91～106、P108～109、P116～131、P152～155、P180～181、P204～210、P212～213、P226、P228～260、P264～268
伊藤 まみ：P34～45、P56～58
【撮影担当】
久米美由紀：下記以外すべて
朝倉 利恵：P12～13、P16、P18～32、P92～106、P116～131、P230、P231右、左中、左下の3点、P232、P233下、P234～235、P236左、P237、P241下、P242上、P247～250、P251上、P252～255、P257～259、P260上、P265、P268～273
柳木 昭信：P229、P233上・中、P238、P239下、P240、P241上、P242下、P243～245、P251下、P256
小林 良江：P231左上、P260下、P267下

旅名人ブックス 122

マカオ滞在旅行

食と世界遺産を満喫する

2005年5月9日　第1版第1刷発行
2008年9月1日　第2版（分割改訂新版）第1刷発行
2009年9月24日　第3版（分割改訂新版）第1刷発行

著　者　笠原 美香、荻野 純一、伊藤 まみ、久米 美由紀、朝倉 利恵、柳木 昭信
発行者　高橋 銀次郎
編集長　荻野 純一
発　行　日経BP企画
発　売　日経BP出版センター
〒108-8646　東京都港区白金1-17-3
編集：03-6811-8713（日経BP企画 旅名人編集室）
販売：03-6811-8200（日経BP出版センター営業）
http://ec.nikkeibp.co.jp
印刷・製本　図書印刷株式会社

ISBN978-4-86130-427-9